幸せに生きるためのカウンセリングの知恵

親子の苦しみ、家族の癒し

藤田博康 著

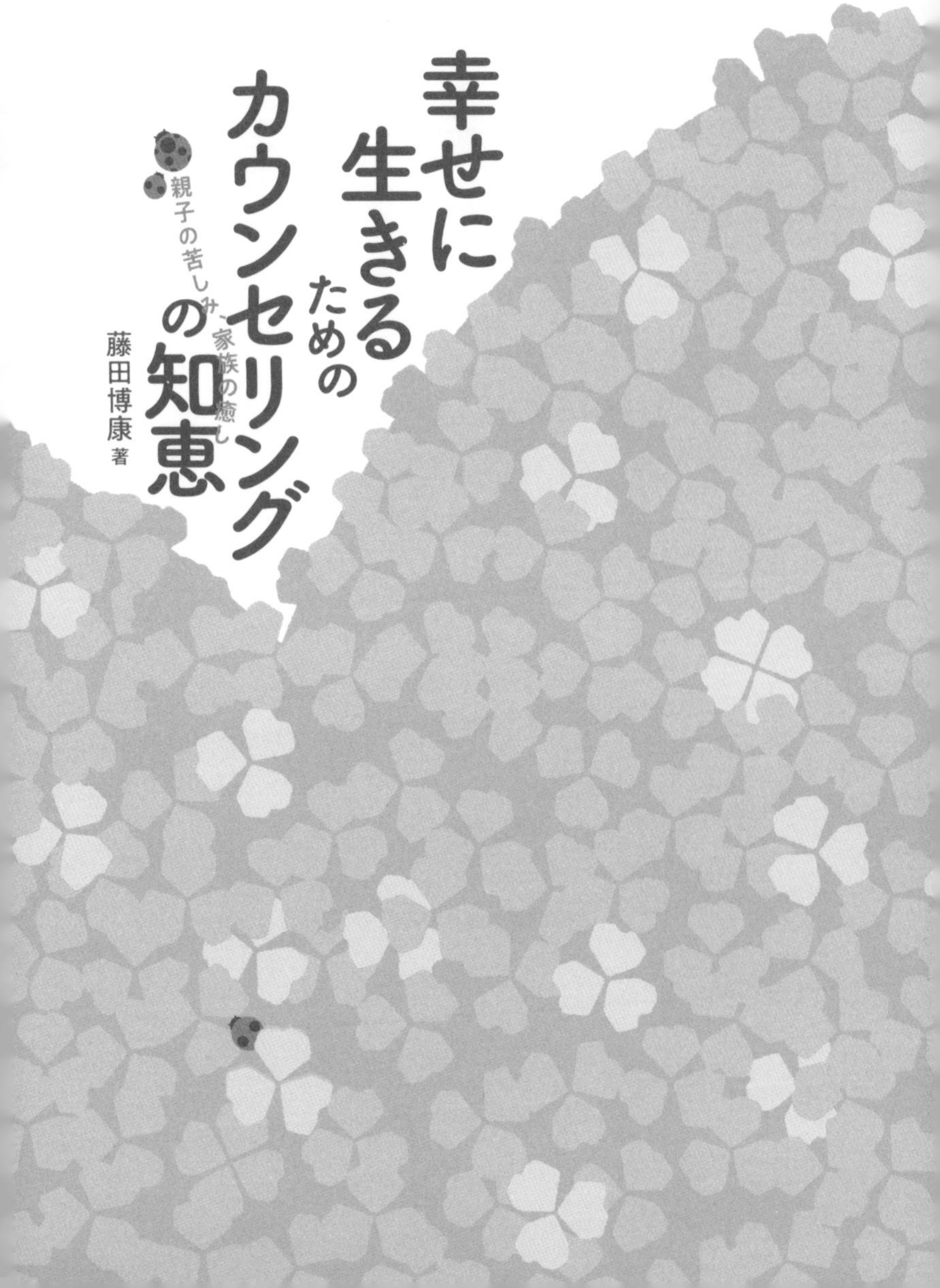

はじめに

現代の日本の子どもや若者が、自分たちのことを不幸せだと思っていることをご存じでしょうか？　わが国の青少年の自殺率は先進国の中でも突出しています。戦争もなく平和で豊かなこの国で、多くの子どもたちが苦しんでいるのです。

私は心理カウンセラーとして、今を「幸せ」に生きられない子どもたちや家族の相談に携わってきました。そのなかでいろいろなことを考えさせられ、教えられました。

せっかくこの世の中に生まれてきたのに、どうしてこんなに多くの人々が「生きるのがつらい」と思うようになってしまうのか？

どうすれば私たちは「幸せ」に暮らしていけるようになるのか？

そのヒントは、相談に来られる方々の悩みや苦しみのありようと、そこからの回復の過程にありました。

そんな経験から、この本では私たちがどうして「不幸せ」になってしまうのか、そして、「幸せ」に生きていくためには何が大切かということをお伝えしたいと思います。

第I部、第II部では、「家族の苦しみと悲しみからの回復」「さまざまな親子の姿」と称して、子どもや家族の苦しみや悲しみの実情と、そこからの回復のありようについて、プライバシー配慮のため改変、創作された複数の事例などを通じて、実感を込めて書いてみました。

続いて第Ⅲ部では、「親子がともに幸せに生きるためのヒント」と称して、心理カウンセラーとしての経験から、私たちが幸せに生きるために大切だと思われることを、広く皆さんへの提言といった視点から述べてみました。

第Ⅳ部は、「幸せに生きるためのカウンセリングの知恵」というテーマです。どうして私たちは心苦しむのか、どうすれば心の苦しみは癒されるのか、どうすれば自分らしく生き生きと幸せな日々を過ごせるようになるのかに関して、さまざまなカウンセリングの考え方やその方法を踏まえて、私なりに分かりやすく述べてみました。私自身も心の苦しみを抱えてきた一人として、その答えをずっと探し求めながらカウンセリングや心理療法を学び、さまざまな困難を抱える方々とお会いしてきました。願わくはその経験が、苦しみを抱えながら日々を過ごしている皆さんに少しでも役立つことを想いながら筆を進めました。

この本は、基本的には一般の方々を対象に書かれたものですが、学校の先生をはじめ、さまざまな場で子どもや家族の支援にかかわる方々、さらには、公認心理師や臨床心理士などの心理支援の専門家の方々にとっても、刺激的で、自分の営みや自分の人生を改めて見直すような一冊になるのではないかと思います。

皆さんの苦しみが和らぎ、静かな幸せとともに過ごせますよう。

幸せに生きるためのカウンセリングの知恵～親子の苦しみ、家族の癒し／目次

第I部

家族の苦しみと悲しみからの回復

第1章
困難を抱える子どもと家族

まず、この章では、なんだか毎日が幸せそうに見えなかったり、学校や友達関係の中にうまく適応できていない子どもたちをどう理解したらいいのか、そして、周囲の大人はどんなふうに接したらいいのかについてお話ししたいと思います。お父さんお母さん、特に、子どもの不登校や問題行動等に悩まされている両親や、そんな子どもをどう理解していいか迷っている学校の先生、困っている子どもたちの力になりたいと思っている周囲の方々に何かのお役に立てればいいなと思います。

▼必ずそうなった事情がある

まず、学校に行けなくなっていたり、問題行動が目立ったり、意欲や気力をなくしてしまっている、つまり、今があまり幸せではない子どもたちには、そうなってしまった事情が必ずあります。それにはさまざまな要因が絡み合っていて、よく言われるように、いじめとか、親のしつけとか、教師の責任とか、誰の目にも明らかな一つの理由だけでそうなっているのではありません。しかも、その事情を丹念に辿っていくと、子どもたち本人の責任に帰することができる部分はほとんどないのです。つまり、子どもたちは自分ではどうにもできない事情やしがらみの中で、自分でもよくわからずに苦しい状況に陥ってしまっているということです。

ただ、理解が難しいのは、その苦しさや生きづらさの表現のありようが、子どもによってかなり違うことです。また、周りからみて、苦しそうだったり、深刻に悩んだりしているように見えることは、むしろ少ないということも分かりにくさの一因です。

昼過ぎに起きて一日中ゲームばかりやっていたりとか、周囲が眉をひそめるようなことを繰り返していたりとか、勉強をまったくせず、夢や希望もないまま無気力に過ごしていたりとか、それは、周囲からはたいていわがままだとか、我慢が足りないとか、心が弱いとか、協調性がないとか思われてしまうようなありようです。

でも、それは大きな誤解です。そんな子どもたちほど、実はどこかで相当の我慢やがんばりを強いられています。その無理や限界が、そんな「不幸せ」なありようとして表れているのです。それに例外はありません。

ですから、子どもたちが幸せな日々を取り戻すためには、どんな事情があってこうなっているのだろうかとか、いったいどこに生きてゆくためのエネルギーを使ってしまっているのだろうかなどという「まなざし」を持って寄り添ってくれる、身近な人の存在がとても助けとなるのです。

カウンセリングで大切だとよく言われる共感的かかわりとはまさにこのことです。「共感」とは、あまりよく事情が分からないのに、「大変だね」とか「つらいねえ」とか言ってあげることではありません。この目の前の子どもの態度やふるまいの裏には、きっと自分ではどうにもできない絡み合った事情があるんだろう、それを、少しでも分かりたい、という姿勢に裏付けられた出会いや触れ合いのことです。だから、共感的なかかわりは専門家でなくとも誰にでも可能です。

もちろん現実として、そんなことで子どもたちを取り巻く厳しい事情が、すぐには好転しないことは多々あります。しかし、たとえそうであっても、そのような温かい「まなざし」に支えられることで、困難を乗り切って強くしなやかに生きていく力を、子どもたちは確かに持っています。外にはあまり表れることのない内なる苦しみや悲しみを思いやりながら、子どもたちが幸せになることを信じて、共にいてくれる人の存在はそれほど大切なのです。

子どもたちを苦しめる事情

ここで、現代の典型的な事情やパターンをお話ししておくのが良いでしょう。子どもたちの不適応や問題行動の裏には、どんなことがよく起こっているのかをあらかじめ知っていると、より子どもたちに寄り添いやすくなるからです。

残念なことなのですが、子どもたちを苦しめる事情でもっともありふれており、かつ、もっとも影響力が強いのは、共に暮らしている親や家族です。ですので、ここからしばらくは、親を責めるような言い方になってしまうかもしれません。それが私の本意ではありませんし、私にも親として責められるような面が山ほどあります。でも、子どもたちの「生きる苦しみ」を取り巻く現実を伝えなければ、子どもたちの幸せはもちろん、家族の幸せにもなかなか近づけないと思っています。

虐待やそれに近い親子関係

分かりやすいのは、親が子どもを虐待したり、過度な体罰をふるったりする場合です。自分の機嫌や感情に任せて、子どもに手をあげたり、心理的に追い詰めたり、性的に一線を踏み越えたり、衣食住の面で養育放棄をする親は、決して少なくありません。

日常的に体罰や暴力を受けている子どもは、毎日、不穏と脅えにさらされており、たとえどこにいっても気持ちが晴れることがありません。だからといって、いつも元気なくふさぎこんでいるかというとそうでもありません。子どもによっては家で辛抱し抑えている分、学校では落ち着かず、我慢ができなくなり、ちょっとしたことにキレてしまい、暴力や逸脱行動などが頻発することがよくあります。

坊主頭のＡくんは、中学に入学してすぐに、凄みをきかせて周囲を威嚇したり、好き勝手に辺りを闊歩したりするなどの振る舞いが目立ちました。それを担任の先生がたしなめると、逆ギレしてドアを蹴って穴を開けたり、校庭に飛び出しては、あたりかまわず石を投げつけたりするなど、手に負えない状態でした。

たまりかねた先生方が、両親を学校に呼び出してＡくん共々指導の場を設けました。すると、お父さんがだしぬけに立ち上がり、「お前、何やってんだ！」とＡくんの頭を力いっぱい殴りつけたのです。ひどく脅えたＡくんは、幼児のように部屋の隅に体を丸めてうずくまりました。それから二週間ほど、Ａくんは影を潜めたようにおとなしくなりましたが、その後は今までよりもさらに激しい荒れ方になり、とうとう担任教師を蹴って骨折を負わせるまでになってしまいました。

親やきょうだいから性的に不適切なかかわりをされている子どもも、決して稀ではありません。それが明るみに出ることはなかなかありませんが、不登校やクラスに入れない子どもたちの中には、ときとして性的虐待のケースが混じっていることがあります。

そんな子どもたちは、コミュニケーションに不自然なところがあり、場の空気になじまず孤立していたり、予測しづらい衝動的な面があったり、急に変なことを言い出したりして、よく発達障害と間違えられることがあります。

また、そんな子どもたちには、暗く陰のあるような情緒感とあっけらかんとした雰囲気が混在しているとか、救いを求めているような含みのある語り（例えば、異性になりたいとか、赤ちゃんになりたいとか、埋葬されたいとか）や、描く絵やストーリーにセクシャルな内容や自虐的な内容が込められている、などといったことが多かったりします。思春期の女の子の場合、露出度が高くなり、素行も乱れ、多数の男性と性関係を持とうとするようになることもよくある一方で、逆に、女性らしさを封じ込めたり、否定したりしようとするケースもあったりします。

いずれの場合も、周囲からみると急激な変化に映りますが、担任教師や養護教員、スクールカウンセラーなど、日頃、子どもと注意深く接している人ならば、性的な被害に気づくことができる可能性があります。

中２のB子さんは、クラスへのなじめなさや落ち着きのなさ、少し風変りな言動などから、医師により自閉症スペクトラムおよびＡＤＨＤ（注意欠如・多動性障害）と診断され、それに応じた治療や学校での配慮がなされていました。しかし、B子さんには同時に、深夜の徘徊や不特定の異性と一夜を共にするということが何度かありました。

B子さんと会ってみたところ、感情が暗く抑え込まれたような雰囲気と共に、自らすすんで見せてくれた自作の小説には、性的で自虐的な内容が綴られていました。そんなありように寄り添いながら、B子さんの語りに耳を傾けていると、何度かの面接を経てためらいがちに口にしたのが、義父（実母の再婚相手）から性的行為を迫られること、それを、実母も感づいているが、自分を助けようとはしてくれないということでした。

身体的虐待も性的虐待も、それが発覚した場合には、関係機関への相談や通告を始めとした迅速な対応が原則とされています。B子さんもそうして保護され、とりあえずの身の安全を確保できました。もちろん、このような介入がなされるに越したことはありませんが、現実としては、それがなかなか順調にいかない場合もあったりします。親が断固それを否定したり、逆にクレームをつけてくることもあれば、本人が家族のことを気にして、支援を嫌がる場合もあります。また、関係機関がすぐにこちらが期待するような介入ができるとも限りません。

しかし、たとえそんな八方ふさがりの状況の中でも、自分の苦境を分かろうとしてくれる人、案じてくれる人、もし可能なら事態の打開に向けて共に歩んでくれる人が、身近にいてくれるということがとても大切です。現状がすぐには良くならなかったとしても、そんな人との出会いが、子どもたちの希望をつなぎ、この先、「幸せ」になることを簡単にあきらめないための大きな鍵となるのです。

ですから、子どもたちに寄り添う者は、過去の苦難とか「トラウマ」に対して、悲観的であってはなりません。共に憂いているだけでは不十分なのです。人はたとえそんな「不幸」を経験したとしても、逆にだからこそ、自分ならではの「幸せ」のありようを見つけていけるはずと、自ら信じていることが大切です。そのためには、「幸せ」のかたちをいくつも知っていて、また、新たに見出そうと心がけていて、自らも幸せに生きていこうとする人でありたいのです。

世間一般がそうするように、人生の「幸せ」を、暖かい家庭とか、成績とか、親友の多さとか、運動ができることとか、仕事とか、収入とかに限定してしまうと、たちまち「悲観」や「不幸」のストーリーが色濃くなってしまいます。世をはかなんでしまう人は例外なく、その限定的かつ相対的な「幸せ」を絶対だと思い込んでしまっているのです。

私たちは、自分でそうしようと覚悟を決めさえすれば、誰もが必ず幸せに生きられるようになっています。「幸せ」は日々さまざまにそのありようを変え、「幸せの種」はそれを見ようとさえ思えば誰の手元にもあります。苦しむ人たちの心理支援に携わる者は、ともすれば悲観的になってしまう自分に流されずに、ささやかでもリアリティのある希望を見出していく必要があるのです。

親の「業」が子どもを苦しめる

カウンセリングに来る子どもたちと接していると、虐待ほど極端ではないにしても、なかなか「業」が深い両親や家族のもとに生まれてきてしまったな、と感じさせられることが少なくありません。

どういうことかというと、親自身が、いつも機嫌がよくなかったり、苛立っていたり、あるいは、不安や心配にとらわれていたり、憂うつだったり、ときに世をはかなんでいたりしているのです。

親とて人間ですから、感情的に不安定になることは誰にでもあります。しかし、それにいつまでもとらわれていると、嫌な気分がどんどん強くなって耐え難くなり、自覚がないまま周囲の人を巻き込んでしまい、自分のみならず身近な人たちの幸せをも損ねてしまいます。言うまでもなく、その影響を最も受けやすいのは子どもです。

嫌な感情に振り回されやすい人の多くは、人生の理不尽さや生きる苦しみを抱えている人です。そして、親に頼らざるを得ない子どもがそれに巻き込まれ、心のエネルギーの多くをそこに費やさなければならなくなる。ですから、親がいつも不安でいたり、世の中に悲観的で、暗く憂うつな日々を過ごしていると、子どもの幸せがずいぶん狭められてしまうのです。

どんな子どもでも、親の感情や気分を必ず気にかけています。自分の親が不安そうだったり、不幸せそうだったりすると、安心して学校に通えず、家から出られなくなってしまうということも結構あるのです。そんな子は、周りからは弱い子、甘えた子と見られがちで、その子の親もそう評価してしまったりしがちです。でも実際は、親が暗い表情で心配事や弱音や愚痴ばかりだから、子どもが安心して学校に行けないのです。せっかく子どもが学校に行けるようになっても親の調子がもっと悪くなったり、何かの用事を理由に学校を早退させたりすることがあったりします。親が知らず知らずのうちに、自分の気持ちの安定を子どもに求めているということです。親が感情的に不幸せだと、子どもはなかなか幸せに生きられないのです。

親の子どもへの「甘え」

家族心理学に、私たちの知的機能と感情機能がバランスよく分化しているかどうかを示す「自己分化」という考え方があります。心の成熟度の大切な一側面といってもよく、この自己分化の程度が低いと、態度や行動が、自分の揺れ動く感情の影響をまともに受けてしまいます。一般的に良くない意味で「感情的な人」ということです。

この自己分化度が低い人は、不快な感情に支配され、苦しさや不幸せ感にとらわれてしまうことが多くなりますから、そこから逃れよう、自分の気持ちを晴らそうと、周囲の人を巻き込んでしまいます。これは、依存や甘えの心理にほかなりませんが、その甘えが逆に子どもに向かってしまうことが多いのです。たとえ、子どもがいくら幼く無力だったとしてもです。

あまり良くない言い方ですが、最近「毒親」という言葉をよく耳にします。もし、本当に子どもを苦しめてしまうような「毒親」がいるとしたら、その背景には、親自身の人生の不幸せと、子どもへの「甘え」や「依存」が必ずあるはずです。

子どもを虐待してしまう親はその最たるものです。子どもが言うことを聞かないとか、自分の気に入るように振る舞わないとかで、ひどく不機嫌になり、叩いたり、暴力をふるったりしてしまう。そもそも、もともとの自分の不機嫌や感情的な苦痛、根強い不幸せ感があるから、子どもに癒しや慰めを無意識に求める。しかし、思うにままならない子どもは、それどころかますますストレスの源となる。だから、機嫌を損ね、折檻《せっかん》してしまう。

性的虐待の場合も同じく、感情的な苦痛や人生のままならなさの解消や癒しを求めて、本来、ケアすべき子どもを損ねてしまうのです。そんなことが子どもにわかるはずもなく、親の不幸せ感や不機嫌に対して、逆に自分のせいではないかと罪悪感を抱いてしまうことも多くあります。こうして、ますます本末転倒した搾取とケアの親子関係から抜け出せなくなってしまいます。

夫婦関係の問題

最後に、もっと身近な例を二つほど挙げたいと思います。まずは、父母（夫婦）の関係です。夫婦関係がぎくしゃくすることは、どこの家庭にもあることです。そこに子どもが巻き込まれることもないことではありません。

ただ、父母が感情的な反応の応酬になり、夫婦仲がこじれ、ひどく長引いてしまうことがあります。これも、両親の自己分化度の低さで説明できます。相手への不満や憤り、怒りの裏には、隠された甘えや依存心がありますから、泥沼化して暴力や不倫、意地の張り合いによる家庭内別居、子どもの巻き込みなどの行動化が起こります。分かりづらい例としては、異常なほどの仕事や他の何らかの活動への執心というかたちをとることもあります。こうなると自助努力での回復は厳しくなり、子どもが永続的にそこに取り込まれ、仲介役やなだめ役を続けざるをえないようになってしまいます。

どんな家庭でも、子どもにとって親は、自分が生きていくための唯一無二の拠り所です。少なくとも子どもはそう思っています。そのため、親の感情的な態度や不機嫌は子どもにとって脅威となります。ですから、ことあるごとに親の顔色を気にかけ、親の気分を支えよう、親を助けようという想いや振る舞いが日常となります。物心つく前の乳幼児でさえ、部屋の片隅で暗く沈んでいる母親の頭をなでてあげたりすることがあるのです。

子どもが、そんなところに心のエネルギーを使ってしまえばしまうほど、学校生活や友達付き合いをうまくこなしていく余裕がなくなります。そもそも、学校生活は、気楽で楽しいことばかりではありません。勉強が楽しくないのはむしろ当たり前のことですし、友達とのやりとりで傷ついたり、嫌な思いをしたりするのも普通です。家での気配りや辛抱でかなり心のエネルギーを使ってしまっている子どもは、普通だったらなんでもないようなことにも耐えがたくなり、元気をなくして欠席が増えたり、無気力になってしまったりします。ちょうど、ぎりぎりいっぱいのコップの水が、ちょっとの水滴が加わることであふれ出してしまうかのようです。不登校の子どもには、このような家族の事情が何かしらあると思って、おおむね間違いはありません。

一見関係なさそうですが、いじめ被害がこじれてしまうのは、難しい家族関係にある子どもの場合が少なくありません。自分の苦境を、なかなか親や家族に相談できないのです。

その背景には、両親間の不和とか、職場の問題などさまざまな事情により、親も精神的なストレスを抱えていて、親に心配をかけられないとか、これ以上、両親の心労が増えると耐えきれずに離婚してしまうんじゃないかとか、仕事に行けなくなってしまうんじゃないかとかいった子どもの気遣いがあります。あるいは、たとえ自分の大変さを伝えてみても、親が自分のことで手いっぱいで、「そんなことで負けるな」とか「強くならなきゃだめだ」とか「情けない」とか、逆に叱咤激励や非難をされてしまったり、親が後先考えずに教師や相手のところに乗り込んでいってしまい、さらに事態が悪化してしまうんじゃないかなどと、複雑な想いをいろいろ抱いています。

似たような例として、親がストレスを抱えていると、学校で熱を出しても「忙しいんだから、学校なんかで熱を出すな」と叱られてしまうとか、朝、おなかが痛くなっても「こんな時間のないときに、いちいちそんなこと言うな」と親が不機嫌になってしまうということも少なくありません。具合が悪くなると、親に「迷惑をかけてごめんなさい」と謝る子どもたちもいます。本当だったら、優しく手当してもらえるような状況でも、怒られたり、冷ややかな対応をされたりしてしまう、そんな子どもたちの募る淋しさや心細さは、幸せな家庭に育った人にはなかなか想像がつきにくいことだろうと思います。

▼親の「幸せ感」と優劣へのこだわり

子どもの「不幸せ」を招いてしまう、もっとありふれた例を挙げましょう。最近は、いわゆる「普通」の親の、子どもの優劣に関するこだわりの強さが、子どもをひどく追い込んでしまっているケースが目立ちます。

子どもの「幸せ」のために、高学歴をつけさせてあげたいという想いは多くの親に共通するものでしょう。しかし、子どもの意向や能力を顧みずに、小さい頃から塾通いや「お受験」を余儀なくさせたり、あるいは、なかなか成績が振るわない子どもに、連日長時間の勉強を強いたりして、子どもに適応上の問題が生じてしまうケースがとても多いのです。勉強だけでなく、スポーツや芸術の分野でも同様です。

私たち一人ひとりには、それぞれ向き不向きというものがあります。どんなにがんばっても、皆が東大に入れるわけではありませんし、サッカーでもピアノでも必死で努力を重ねれば誰もが一流になれるというわけでもないのです。自分を高めようと努力することや、精一杯がんばってみることは、もちろん大切な経験です。でも、親が子どもの興味や限界をあまり踏まえずに、「将来のため」「幸せのため」と我慢してがんばることを要求し続け、なかなか成果が上がらない子どもが無気力になったり、不登校になったり、逸脱行動に走ったりしてしまうといった本末転倒なケースを、私は相談現場で数多く見てきました。

そんなに勉強が好きでも得意でもなく、子どもはやめたくて仕方がないのに、夜遅くまで塾に通わせ、「うちは経済的に苦しい中、お母さんがパートまでして塾代を出してあげてるのだから、しっかりやりなさい」と、当然のように子どもにプレッシャーをかける親。早期のアドバンテージが大切と、小学校にあがったばかりの子どもを満員電車で長時間通学させることにまったく懸念を持たない親。物覚えや要領が悪く成績があまり振るわない子どもに、目を光らせて毎日数時間を超える自宅学習を強いる親。ほかの子のようになかなかうまくならず、サッカーチームで居場所をなくしている子どもに、「いったん始めたからには、最後まで精一杯がんばってレギュラーを目指しなさい」と叱咤激励し続ける親。どれも客観的に見れば、子どもに無理をさせているのは明らかなのですが、親にはなかなかそれが見えなくなってしまいます。勉強やスポーツなどをがんばることは社会的に望ましいとされていることなので、余計そうなってしまうのです。

勉強でも運動でも何でも、その成果や能力の評価は、他者との比較によります。そこでは、優劣や順位が「絶対的」な基準となりやすく、その結果にとらわれ一喜一憂する親は、プレッシャーをかけて子どもを追い込みます。繰り返しますが、人間、不得手なことは、どんなに努力してもなかなか成果が上がらないものですし、そもそも努力が続かないことが普通です。ですから、子どもは「自分はこのままではダメなんだ、価値がないんだ」という気持ちをどんどん強めていきます。そして、徐々に本来の伸びやかさや明るさをなくしていき、同時に、新しいことを知る喜びや、難しいことにチャレンジする純粋な楽しみを失っていってしまいます。子どもの「幸せ」を望んだゆえの親のかかわりが、逆に子どもを「不幸せ」にしてしまうという現実は、とても残念なことだと思います。

実は、子どもに期待し、過度な努力を要求する親は、自分自身が「幸せ感」をあまり持てていないことが多いのです。今の自分のありよう、今の状況、今の生き方があまり受け入れられない。だから、もっとこうあるべき、もっとこうならないと幸せにはなれないという想いが根強い。それがそのまま子どもに向いてしまうのです。

だから、一見、子どものことを思って、子どもの幸せを願っているようでいて、結局は自分の生き方の問題がそこに潜んでいます。自分の不幸せ感や劣等感、あるいは、日々の生活の中で鬱屈する気分を晴らしたいという動機が、そこに隠されていたりするのです。そんな親は、子どもがテストで良い点を取ってきたり、試合で活躍したりすると気分が良いけれど、成績が下がったり、試合でミスをしたりすると、ひどく落胆したり、あからさまに不機嫌になってしまったりします。あたかもそれで人生の価値が決まるがごとくです。

こういうことが続くと、子どもは「今の自分」を否定したり嫌いになったりしてしまいます。私たちが「幸せ」に生きていくための必要条件は、「今のありのままの自分を大切にできる」ことです。ですから、これでは子どもが「不幸せ」になるためのしつけや教育をしているようなものです。

おわりに

この章では、まずは困難を抱える現代の子どもたちを取り巻く状況を、どう理解したらいいかについてお話ししました。子どもたちの不適応や逸脱行動には、さまざまな事情が絡み合っていて、子どもたち自身にその責任を負わせることはできないこと、加えて、身近な親の生き方や価値観の問題が、想像以上に子どもを「不幸せ」にしてしまっていることなどを示しました。

そして、苦境にある子どもたちが、希望の光を絶やさず「幸せ」に向かって歩みを進めるためには、心寄り添う人の存在や共感的なまなざしが、おおいに力になることについても触れました。

子どもを持つ親にとっては厳しい言い方になってしまったかもしれませんが、本来、心寄り添う人であるべき親が、逆に子どもを追い詰める存在になってしまっていることがとても多いのです。そして、その一番の原因は、親自身があまり幸せな日々を送っていないことにほかなりません。その意味で、親の最大の仕事は、子どもに高い学歴をつけてやることでも、いい会社に入れてあげることでも、プロスポーツ選手にしてやることでもなく、自分の背負ってきた「不幸せ」や人生のままならなさをできるだけ子どもに引き継がせないということだと思います。言いかえれば、私たち親が生きることにあまり悲観的になったり不安になったりせず、不機嫌や憂うつを子どもに押しつけない、つまり、私たち自身が自分を受け入れて、一日一日を幸せに過ごしていこうとすることであり、たとえ、もし苦しい状況に置かれていたとしても、前向きに生きようとする姿勢にほかなりません。

その幸せに生きるための能力やスキルは、人によって異なりますが、どんな人にも必ず備わっていて、いったんそう覚悟した人には、不思議とさまざまなかたちでの救いや恵みが訪れます。困難を抱え、それを乗り越えた多くの親子から、私はそんなことを教えられました。

以降の章では、折に触れそんな観点も交えてお話をしていきたいと思います。

第2章
親の不和や離婚が子どもたちにどんな影響を及ぼすか

～子どもたちの苦しみと希望

この章では、親の不和や離婚が子どもたちにどんな影響を及ぼすのか、そして、子どもたちはそんな経験をどう乗り越えていくのかについて、お伝えしたいと思います。

私は、心理支援の現場で、非常に多くの子どもたちが両親の不和や離婚に苦しんでいるさまを目の当たりにしてきました。同時に、ともすれば「不幸せ」に思ってしまうようなそんな経験を、子どもたちはどう乗り越え、どう「幸せ」に向かって歩みを進めていくのかについて、実際の子どもたちとのかかわりから、あるいは、親の離婚の経験がある人たちからいろいろ話を聞くことを通じて、大切なことを教えられました。

それらは、心理支援に携わる者にとって貴重なものであることはもちろん、学校や幼稚園、保育園の先生方、子どもを持つお父さんお母さん、それから今、自分があまり幸せでないと思っている人たちにも是非、知ってもらいたいと思うことばかりです。

▼親の離婚と子どもたちの体験

今やわが国では、おおよそ三組に一組の夫婦が離婚に至っており、その約半数に未成年の子どもがいます。ですから、ひとり親家庭や再婚家庭に暮らす子どもたちが数多くいるということになります。

もっとも最近は、「バツイチ」「バツニ」も当たり前になってきていて、離婚が特別視される時代ではなくなりつつあります。一昔前のように、「ひとり親」が「ハンデ」だとか、「かわいそう」だとかの周囲からの視線もずいぶん少なくなってきました。親の離婚が就職や結婚などに差し障るといった「差別」もほとんどない時代です。

私たちは、「子どもや家族を持てること」や「精神的安らぎの場が得られる」ことを求めて結婚します（内閣府、2003）。同時に、「相手に満足できないときは離婚すればいい」「問題のある結婚生活なら早く解消したほうがいい」とも考えるようにもなっています（厚生労働省、2014）。つまり、結婚生活に期待する「精神的安らぎ」や「家庭という居場所」が保障されないとなると、容易に離婚の選択をしてしまうのです。

このように世間的には、離婚は「普通のこと」になってきていますが、当事者の子どもたちにとっては、なかなか「普通のこと」ではすまされません。私は学校現場などで、不登校や対人関係の問題、不安やうつなどさまざまな心の問題に苦しむ多くの子どもたちと会ってきました。その大半の家庭は、両親の離婚や不和を抱えており、一見、家族のこととは関係がなさそうな悩みごとにさえも、両親の関係が少なからずの影を落としていました。

また、私は家庭裁判所で、子どもの親権者を両親のどちらにするかとか、面会交流をどうするかなどの事柄に携わってきたことがあります。そのようなケースでは、父母の仲がかなりこじれていることが普通ですから、その渦中の子どもたちが、自分を犠牲にしながらも、お父さんやお母さんのことを想い、耐え忍んでいる光景を目にしてきました。家庭裁判所の別の取り組みに、非行少年の更正支援がありますが、比較的深刻な非行を犯してしまう子どもたちの多くは、両親が離婚をしていたり、別居をしていたりする子どもたちでした。

これまでの関連研究には、離婚の悪影響は、あったとしても一時期なものであり、かえって、子どもの自立性や成熟性、社会性、その後の家族との一体感や連帯感が強まるといったことを示すものがありました。逆に、子どもたちは、苦悩や抑うつ、低い自尊心、問題行動などに陥りやすく、その影響は長期的であると訴えるものもありました。具体的には、学業成績が下がる、学校生活や職業生活への適応が悪くなる、うつや不安症、依存症などになる確率が高くなる、自分自身の結婚が破綻する可能性が高くなる、などといった悪影響です。昨今の内外の研究は、それらの悪影響を意識して、子どもへの心理的ケアや心理支援の必要性を論ずるものが多くなっています。

以上を踏まえて、私は、親の離婚やその一連のプロセスが、どんなふうに子どもたちの不調や不適応に結びついていくのか、あるいは、そうでもないのか。また、どんな要因が子どもたちのレジリエンスに、つまり、立ち直りや前向きな生き方を回復してゆくことにつながるのか。そして、もし支援が必要だとしたら、どんな助けがいるのだろうかなどについて、納得できる知見がほしいと思いました。

そのためには、子どもたち一人ひとりの体験や想いにできるだけ即した「語り」が得られることが大切です。しかし、離婚の渦中で苦しんでいる子どもたちに直接インタビューをするわけにもいきません。そこで、大学生などを対象に「(親の離婚や不和に苦しむ子どもたちのために)両親の離婚をどのように乗り越えてきたか教えてほしい」という呼びかけをして、それに自ら進んで協力してくれた約30名の人たちから回想的に話を聴かせてもらうことにしました(藤田、2016)。

当初、私がイメージしていたインタビュー対象者の人たちは、比較的健康度が高く、それほど深刻な不調を経験してはおらず、そのような意味で「親の離婚を乗り越えた」人たちだったのです。しかし、いざ蓋を開けてみると、深刻な不調や不適応を経験したことがある人たちや、未だに強い苦しみを抱えている人たちも含まれていました。

インタビューに応じてくれた皆さんは、両親が離婚に至るまでの情景、その後の新しい生活や家族関係のこと、親について、自分について、今まで学校や社会とどうかかわってきたか、などについて、ときに涙ぐみながら、ときにしみじみと、ときに笑いながら、それぞれに語ってくれました。一人ひとりの語りの中にはもれなく、家族に訪れた苦難を精一杯生き抜こうとする子どもたちの優しさ、気遣い、不安、悲しみ、粘り強さ、前向きに生きるための工夫などが、数多く散りばめられていました。私はこのインタビューを通じて、人が幸せに生きてゆくうえで何が大切なのかを深く考えさせられました。

まずは、そんな子どもたちの回想的な「語り」を中心に、両親の離婚を、子どもたちは実際どんなふうに受け止めてきたのか、親の離婚が悪影響になる場合はどんな場合で、それがどう深刻化していくのか、離婚の悪影響を最小限に抑え、前向きに生きてゆくためにはどんなことが大切なのかなどについて、お話ししてみたいと思います。

▼離婚に至るまで

さて、実際に両親が離婚するまでには、たいていの場合、仲違いや不和の関係が相当期間、あるいは断続的に続きます。それは、激しい口論や手が出るなど、子どもの目にも明らかな場合もあれば、不機嫌な雰囲気が漂っているとか、互いに口を利かないとか、どちらかがあまり家に帰ってこないとか、曖昧な場合もあります。どちらにしても、子どもたちは心配になったり、怖くなったり、我慢したり、悪い予感で胸がいっぱいになったりする一方で、さまざまなやり方で精一杯、両親の仲を取り持とうとしたり、親の気分を損なわないように振る舞ったりしています。

両親の暴力沙汰の最中に、泣きながら入っていって突き飛ばされた５歳の女の子。

夜、一人で泣いている母親に近寄り、頭をなでてあげていた3歳の男の子。

深夜に家を出て行った母に、「お父さんもう寝たから大丈夫だよ」と幾度となく電話した小学生の女の子。

毎晩のように寝室越しに父母の口論が聴こえ、ドア越しに聞き耳を立てたり、頭から布団を被ったりを繰り返していた小学生の男の子。

家に帰ると、もう父母の雰囲気が悪いのが分かり、わざと学校であったことを明るくテンションョン高く話をしたら、親から「うるさい、静かにしろ」と怒られた中学生の男の子。

母の父に対する愚痴や不満を蕁麻疹が出るほど聞いてあげ、父母のどちらかがなるべく機嫌を損ねないように、真面目に勉強をしている素振りをしたり、疲れていても進んで家の手伝いをやっていたりした女子高校生。

子どもたちは皆、このような体験をまざまざと覚えていました。

実際の離婚

家族の平穏を願い、懸命に親を気遣う子どもたちの想いはとても真摯なものです。しかし現実には、いくらがんばっても、両親の仲をつなぎとめられないことがあります。子どもたちが内心怖れ、心配してきたことが、実際に起こってしまうのです。

離婚という現実を前に、少なからずの子どもたちは、「あのとき自分がもっとがんばっていれば」「違う対応をしていたならば」という悔いや、「自分のせいでこうなってしまったんじゃないか」という罪悪感のようなものを抱きます。

実際、多くの場合、親から離婚の事情やいきさつが子どもに詳しく説明されることはありません。同様に、離婚すること自体や、どちらの親と暮らしたいかについても、子どもの意向が尊重されるということはあまりありませんでした。

だからといって、子どもたちが親に離婚の理由やいきさつを尋ねることも、ほとんどありません。子どもたちは、「離婚の理由を尋ねると、別れが決定的になってしまうと思った」とか、「余計、事が複雑になったり、親が負担を感じたりしてしまう」などと思っていました。そこには、一縷の望みをつないでいたいという想いや、直接尋ねることで決定的な事実に直面してしまう怖さや、親の負担や悲しみを想う気持ちなどが、入り混じっているようでした。

また、別れた理由について、その当時にはっきり伝えてほしかったと回想する子どもたちも、それほど多くはありませんでした。親の異性関係が絡んでいるケースが多かったからかもしれません。また、「どちらの親と暮らしたいか聞かれたところで困る」という想いも、多くの子どもたちに共通していました。たとえ、それを聞かれても、「どちらがいいのかは自分にも分からない」「もう一人の親がどう思うかを気にしてしまう」「好きにしていい」と言われても、「それで親が機嫌を損ねたり、暗くなったりするのが分かってる」「本当は母と暮らしたかったが、自分がいないと身の回りのことが何もできない父が可哀想だったから、それは言えなかった」など、子どもの意向が尊重され大切にされることはあまり多くはないという現実がありました。

いずれにしても、ほとんどのケースでは、別れの事情がはっきりとせず、気持ちの整理がつかないまま、成り行き上、どちらかの親との新しい生活が始まることになります。概して「喪失体験」をきちんと悲しめることは、私たちが危機を乗り切り、心の健康を取り戻すことにとって大切なこととされています。逆に、曖昧ではっきりとしない「喪失」は、心の回復力や健全な発達を阻害するとする専門家もいます。そして、離婚の渦中に置かれた多くの子どもたちは、白黒割り切れない「曖昧な喪失」という実情にあります。

その意味で、親が責任を持って、離婚の事情をきちんと子どもに伝え、子どもの意向を尊重し、親子で喪失を共有し悲しめることは、もしそれができるのであれば、とても大事なことだと思います。先行研究でもその大切さが指摘されています。しかし、現実には親子のそれぞれの想いや気遣い、苦しみや混乱などが絡み合っていて、それはなかなか難しいことでもあるのです。

ただし、少なくとも今回のインタビューでは、その後の良好な適応を取り戻した子どもたちも、そうではなく深刻な不調や苦悩を抱えている子どもたちも、ほとんどが同じような「曖昧な喪失」を体験していました。つまり、「別れの曖昧さ」は、その後の子どもたちの心理的健康や適応状態にはあまり関係していなかったのです。それぞれの家族や親子には、それぞれの事情があります。ですから、支援に当たる者は、まずは、それぞれの家族や親子の置かれた事情に想いを馳せ、尊重しようとする姿勢が大事なのかもしれないと思わされました。

▼新しい生活への適応の努力

どちらか一方の親と暮らす生活、場合によってはそのための転居や転校、夜の時間を一人で過ごすこと、家事の手伝いや年下のきょうだいの面倒を見ること、お金がなるべくかからないように日々を過ごすことなど、離婚直後には子どもにとって急激な変化が訪れます。ある先行研究によれば、ここで子どもたちには非常に強いストレスがかかり、心身の健康を大きく崩したり、学校や社会への適応上の問題が顕著になるとされています。ただでさえ、父母の別離という心理的な重荷を負ったうえに、日々の生活が制約の多い不自由なものになるわけですから、この時点で何らかの心身の不調に陥ってしまうと考えるのは、当然ともいえます。

しかし、実際にはそういうことはむしろ少ないようです。家族がどうなってしまうか分からないような危機的な状況だからこそ、子どもたちは、無我夢中でがんばります。それはあたかも、同居のひとり親を支え、別れた親への想いを胸に秘め、家族に起こった苦難を皆で乗り越えようと、自ら先頭に立ってがんばっているかのようです。

「『これは特別なことじゃないんだ。これは普通のことなんだ』って自分に言い聞かせ」「家事の負担とか、自分のつらさは考えないようにして」「何事もなかったように学校に通い」「ひとりになったお母さんを自分が支えてあげないと」「自分より、お父さんのほうが、もっとつらそうだから」と、わき目も振らずこの時期を過ごした、と語る子どもたちがほとんどでした。

この時期の子どもたちは、新しい生活に適応しようと精一杯踏ん張ります。さらに、親が離婚してしまったことへの「恥」のような感情や、人とは違う「マイノリティ」になってしまったという複雑な気持ち、その中で周囲に弱みを見せたくないという「意地」のような想いも強くなります。ですので、周りからは一見、普通に元気に過ごしているように見えてしまいます。でも、本来は何らかの支援やケアが望ましい状況にあるのです。

ここで難しいのが、わき目も振らずがんばっている子どもたちの苦悩や迷いを、引き出して共感してあげるのがよいかどうかです。もちろん、対応の仕方にもよりますが、どちらかというとこの時期はむしろ、子どものがんばりや気遣いに対する、親や周囲のさりげない声かけや配慮、あるいは、それらを分かってくれたり、見守ってくれたりする誰かが存在することなどのほうが、子どもたちの支えになるようです。

▼鍵は親の自己分化度

先に、親が子どもに離婚の事情をきちんと伝えていたか、どちらと暮らしたいかについて子どもの意向を尊重したかなどの事柄は、その後の子どもたちの適応度や健康度にあまり関係がないことを述べました。また、少なくとも今回は、子どもたちが別居親との面会を続けているかどうかということとも無関係でした。

では、何が大きな影響を及ぼしているのかというと、親の「自己分化度」でした。これは、第1章でもお話ししましたが、自分の心の中の感情的な部分と、理性的な部分をバランスよく分化させて機能させることができる能力や程度のことです。この自己分化度が低いと、自分の感情、特に不快な感情に強く引きずられた言動や態度をとりがちになります。そうなると、自分の感情を晴らしたり、なんとかしようとするために、相手の気持ちを無視して、周囲の人に当たったり、責めたり、ときには身近な人の優しさや気遣いを踏みにじったり、搾取したりしてしまったりするようになるのです。

とりわけ「自己分化度」が低い親の場合、子どもがけなげに淋しさや不自由さに耐え、親を気遣い、力づけようとがんばって日々を過ごしているのに、それを分かってあげたり、ねぎらってあげたりすることができなくなります。それどころか、自分の苦しさや不快感のあまり、そんな子どもに不機嫌に接したり、些細なことで責めてしまったり、子どもの犠牲を当然のことと思ってしまったり、別れた相手への愚痴を聴かせ続けたり、極端な場合になると、苦情や文句を直接、言いに行かせたり、復讐や嫌がらせのようなことを子どもにやらせたりということをしてしまいます。

このような親の「自己分化度」の低さに由来する言動や態度と、危機状況を乗り切ろうとする子どもの献身や気遣いが搾取される一連のプロセスによって、親の離婚の悪影響が深刻化し、結果として子どもに長期的なダメージを与えていくのです。

▼悪影響の深刻化

とりわけ、離婚移行期にはさまざまな不快感情が渦巻きます。自己分化度が低い親の場合、その不快を晴らそうとしたり、軽減しようとするために、知らず知らずのうちに身近な人に当たったり、責めたり、ときには、気遣いや優しさを示してくれる相手を追い詰めたり、苦しめたりしてしまうのです。それは、あたかも、こんなに嫌な思いをしているのだから、ほかの人が苦しむのも当たり前だとか、相手が苦しむことによって、あたかも自分が楽になるかのような錯覚をしてしまう、不幸せな心理機制です。

ですから、そんな親は、淋しさや不自由に耐え、親を気遣いながらけなげにがんばっている子どもの心境を汲んだり、ねぎらったり、感謝したりすることができません。それどころか逆に、自分の不快感や不幸せ感のあまり、子どもの我慢や気遣いを当然であるかのごとくみなして、不機嫌に接したり、さらに心理的に追い込むような言動をしてしまうのです。

中学生のａ子さんは転校先の学校になじめず、一人で耐えていましたが、やむにやまれず母に事情を話したところ、「あなたがいつまでも暗い顔をしているからそうなるんだ。お母さんもがんばっているんだから、もっとしっかりしなさい」と逆に叱られてしまいました。

そんなａ子さんは、毎晩、夜遅くに帰る母親に代わって、炊事や洗濯をこなし、まだ小さい弟にご飯を食べさせ、お風呂に入れ、添い寝をしてあげていました。でも、母は、ａ子さんが風邪で熱を出したり、体調を崩したりしても、苛立って不機嫌になってしまいます。

高校生のｂ子さんは、同居の父から顔を合わせるたびに「母親を殺して俺も死んでやる」と恨み節を聞かされていました。それればかりか、離婚後も父からの怨恨メールを再三送られていた別居の母からは、「(父が) 迷惑だから、あんた (b子さん) がなんとかしなさい」と叱責されていました。

b子さんは、そんな八方ふさがりの状況の中で、かつて、父が幼い自分を抱っこして遊園地の長い列に並んでくれたこと、ベンチに並んで座って一つのソフトクリームを分け合って食べたことなどを想い出しながら、日々を耐え忍んできました。


たとえ幸せな結婚に恵まれなかったとしても、たとえそれが相手のせいであったとしても、内心湧き起こる不快感や不幸感は、自分で受け止め対処しなければならないものです。決して誰かに代わってもらえるものではありません。

しかし、私たちは強い苦しみの最中にあると、誰かに頼りたくなったり、誰かのせいにしてしまいたくなったりします。特に、親なしでは生きていけない子どもの優しさや気遣い、献身的な振る舞いが身近にあると、それに甘えてしまいがちです。これは、多かれ少なかれ、どの親にもあることです。しかし、自己分化が未熟な親の場合、自分の不快感や不機嫌を、子どもに緩和してもらおうという甘えが常にあるのです。

でも、その自覚なしに、逆に親という立場から権威的、支配的に振る舞いますから、子どもたちは親の不快感や不機嫌を自分のせいだと思ってしまいます。そして、親をなんとかして慰めよう、これ以上、親から嫌われないようにしようと、もっと献身的にがんばろうとします。

しかし、それで親の気持ちが十分に収まることはありませんから、子どもは自分を責めたり、自分の無力感や、自分には価値がないという想いをどんどん強めていきます。本来、能力が高い子どもや、優しくて感受性の強い子どももほどそうなります。「自分なんか全然だめ」「私なんか力がなくて何も解決できない」「私には何もいいところなんてない」などと、自分をさいなむようになってしまうのです。

この悪影響は、親子関係にとどまりません。例えば、きょうだいがいる場合は、本来、互いに助け合い、支え合っていければいいのですが、親の葛藤や不快感に、それぞれが違ったかたちで巻き込まれてしまい、きょうだい間の仲も悪くなってしまうということが、往々にして起こります。

学校生活においても、環境の変化によるストレスに加えて、親の機嫌や顔色を気にするところに多くの労力を使ってしまい、落ち着かない心境が続きますから、対人関係が難しくなります。元気に明るく過ごしているように見える周りの子どもたちと、そりが合わなくなったり、些細な言葉の行き違いに敏感になり、必要以上に傷ついたり落ち込んでしまったりしやすくなります。

逆に、自分が強くならなければと、学校で肩肘を張ったり、表情をとがらせて強気を装ったり、大人然とした冷めた目線の姿勢を貫こうとする子どもがいたりします。そんな精一杯のがんばりが、周囲からの反発を招いてしまいます。また、家族内で理不尽なことが起こっていると、学校での不公平な出来事や扱いに敏感になり、過度に反発的になってしまう子どもたちもいます。例えば、誰かをひいきしているように見える教師に批判的な態度を取ったり、弱い立場の別の子どもを庇って自分が嫌われてしまったりするとかです。ときに、そんな子どもの心情をよく分かっていない先生から、「生意気」とか「子どもらしくない」などと否定的に見られてしまうこともあります。

中1のcくんは、授業中、上の空でボーっとしていたところを、担任から「朝、ちゃんと顔洗ってきたのか」と咎められたことをきっかけに、周囲の生徒から臭いとか汚いとか言われるようになってしまいました。以来、教室は針のむしろで、でも、親に学校に行きたくないとも言い出せず、冬の寒空の中、朝から夕方まで一人公園で時を過ごし、母の作ったお弁当を空にして家に帰っていました。

中3のd子さんは、同居の母が精神的に不安定で苛立っていることが多く、「自分がしっかりして母の役に立たなくては、母からも見捨てられてしまう」と、母に代わっていろいろな役割を引き受けていました。しかし、その強気で大人びた振る舞いが、同年代の子どもたちを寄せ付けず、クラスで孤立してしまい、さらに、心を寄せていた担任からも、「あなた、なんだか冷めてて可愛げがないな」と言われてしまいました。

それをきっかけに、d子さんは急に人が怖くなり、外出できなくなってしまったそうです。怒鳴り声をあげ、無理やり学校に行かせようとする母親に、「お母さん許して、お母さん許して」と繰り返し謝り、自分の部屋に閉じ籠るようになりました。母の連絡で駆けつけた生徒指導の教師が、部屋のドアを叩く音に、怖くて怯えていたこともありました。

今でも、「私はいらない存在なんだ。どこにも私の居場所はないんだ」「私はずっと逃げてきた」という想いが、ときおり頭の中を巡り、心の中で「許して、許して」と繰り返していることがあるそうです。

高校生のｅ子さんは、母が離婚後、ふさぎこんではお酒を飲み、「死にたい死にたい」と、ｅ子さんに首を絞めるよう頼んできたり、眼の前に包丁を差し出してきたりしたことがあるそうです。以来、ｅ子さんは、「母がそんなに怖がる世の中は、どれほど怖いんだろう」「どうして人は、そんなに苦しみながら生きていかなくてはならないんだろう」と思い続け、毎日のようにリストカットをしては、どこか死ねそうな場所を探していました。ｅ子さんは、「今思えば、母は自分自身のことで精一杯で、子どもの心を守ることができなかったんだって思えるけど、その頃は、悪い自分、何もできない自分を懲らしめたいっていう気持ちだった」と回想します。

子どもたちは、このように、親の幸せを想う気持ちや精一杯のがんばりが、身近な親に理解されないという苦境から始まって、徐々に周囲の人々や世の中への信頼をなくしていき、学校や社会からも孤立していきます。つまり、離婚の悪影響が深刻化してしまうケースは、親の自己分化度の低さからの搾取的な振る舞いと、それをなんとか補償しようとする子どもの気遣いや献身が、悪循環的に損なわれていく一連のプロセスがそこにあるのです。

それは、自分の正当なつらさや苦しさを誰かに伝えることすらできなくなってしまう、まさに、子どもたちの「語り」が抑圧されてしまうプロセスです。

つらく悲しい出来事も、そして、そのなかにあっても幸せの可能性を懸命につかもうとする子どもたちの姿も、リアルで、大切で、人生の豊かさに通じるかけがえのないものです。

苦しみや悲しみが不幸なのではありません。その体験が、抑圧され否定されてしまい、きちんと自分の来し方や生き方に組み込まれないことが、不幸せにつながっていくのです。

ですから、子どもたちの「語り」が、誰かに語られ、聴き入れられ、尊重されるということは、とても大切なことなのです。

▼子どもたちの回復と希望につながるもの

現実がたとえ変わらなくとも、そのなかを家族と共に生き抜こうとするがんばりや優しさや思いやりが、誰かに共有され承認されることによって、子どもたちは自分や他者やこの世の中を信じて生きていくことができるのです。子どもたちの心理的回復や成長の鍵はそこにあります。

そもそも、自らが苦境にあるにもかかわらず、なおかつ、他者を思いやり、他者を力づけ、共に幸せに向かっていこうとする、そんな振る舞いは、優しさと強さと勇気を併せ持っていなければできないものです。

そんな能力や姿勢が正当に承認されるということは、自らの「体験」や「存在」や「価値」の素晴らしさが自他によって認められることにほかなりません。それが、自己価値観や自己肯定感につながっていき、子どもたちは自分自身の幸せを見据えて歩んでゆけるようになるのです。

どんな子どもたちにも例外なく、自分の身に起きたことを受け入れて、自分ならではのかけがえのない人生を創ってゆける意志と能力が備わっています。

身近に分かってくれる人がいること

そのためには、身近にそのような誰かがいてくれることが望ましいのは言うまでもありません。ですから、どんなに難しい家族状況にあっても、少なくとも一方の親の自己分化度がある程度保たれている場合には、子どもたちは深刻な不調や不適応に陥ることはないか、あったとしても一時的なものにとどまっています。

そのような親たちには、たとえ離婚や相手に対する不快感や憤りや混乱があっても、また、自分が暗く落ち込みそうなときでも、努めて明るく振る舞ったり、前向きでいようとしたりする気構えがあります。そして、子どもの気遣いやがんばりに想いを馳せ、実際に言葉や態度で子どもへのねぎらいや感謝を伝えようとします。

また、個人的な感情はさておき、もう一方の親と子どもとの関係をできるだけ大切にしようとも努めます。もちろん、精神的に余裕のないときもあり、常にその状態を保てるわけではありませんし、子どもとの関係もぎくしゃくするときがありますが、「こんな想いさせちゃってごめんな」とか、「がんばってくれてありがとう」とか、「ほんと助かってるよ」などと、できる範囲で伝えてあげています。

些細なことのように見えるかもしれませんが、こんな親子のやりとりにより、子どもの優しさや気遣いが報いられ、自分や他者や人生に対する信頼や希望が保たれ、友達や学校の先生、地域社会の大人たちの気遣いや助けを素直に頼ったり、受け入れたりできるような素地が作られます。そして、さまざまな人たちとの出会いや関係に支えられながら、自分自身の人生を取り戻し、これまでの経験をしっかりと踏まえて、独自の生き方やキャリアを選び取ってゆけるようになります。だから、離婚する親たちの最大の踏ん張りどころは、自分の目下の不幸せ感や憂うつや不機嫌を、できるだけ子どもたちに引き継がせないというところにあるのです。

別居親との交流

別居親との交流が、子どもにとって支えの環境になるかどうかも、両親の自己分化のありように大きく影響されます。別居親自身の自己分化度が低い場合ですと、やはり子どもの優しさや気遣いが損なわれてしまうことが多くなりますから、当然、子どもにとっては面会や交流が苦痛な体験となります。

一方、同居親のほうの自己分化度が低い場合は、子どもの離れた親への思慕や気遣い自体が、同居親の不安や不快を招きますから、子どもは自分の自然な感情を押し殺したり、別居親との交流や接触に罪悪感を抱くようになります。関連して、祖父母の身びいきな言動や態度が、そんな子どもの罪悪感に輪をかけてしまうことも多々あります。そのようにして、本来、望ましい別居親との交流や連絡が途絶えてしまうケースも少なくありません。

また、子どもによっては、実際の感情は別として、別居親のことを悪く「語り」続けることもあったりします。そうすることで苦しい現状を受け入れたり、日々の生活を乗り切ろうとする心の工夫です。

しかし、子どもたちは、内心さまざまな想いを抱いていて、たとえどんな親だとしても、別れた親のことを気にかけています。そして、人生の岐路には必ず両親の顔が思い浮かびます。

そんな子どもたちのありようを、ことさら正すことも、煽ることもなく、信じて見守る時期があることも大切です。そうしているうちに、子どもたちは何かのきっかけで、双方の親とのつながりを自然と回復してゆく例が多いようです。

f子さんは、母の「不倫」により、両親が辛辣な仲違いをしたあげく離婚に至りました。その後、何年もの間、母とは一切会っていませんでしたが、最近、同居の父の仕事が忙しくなり、母と会う機会が持てたと思ったら、とんとん拍子に話が進んで一緒に暮らし始めるようになりました。f子さんは、「時を経てのこんな親子のありようも、なんだかいいです」としみじみと語っていました。

子どもは日々成長していきますし、親の状況も日々変わっていきます。時を経て双方の親の気持ちが落ち着いてくると、子どもとの暖かい交流もいずれ回復します。ものごとは絶えず変化しており、現状が永遠に続くことはありません。今の苦しみや不快感にとらわれて恨みや憤りの応酬になってしまうと、時間の経過による助けや、自然な癒しのプロセスを生かせず、かえって苦悩や困難が長引いてしまいます。

その意味で、親にとっても子どもにとっても、離婚後、幸せな人生を回復できるかどうかは、心のうちに起きてくる不安や不快感、苦しみや恨みの感情、自分をさいなんでしまうような感情にこだわり続けず、いかに支配されないでいられるかが肝心なのです。そのうえで、自分の身に起こったことを糧にして、かけがえのない自分ならではの生き方を見つけてゆけるかにかかっています。

今回インタビューに応じてくれた子どもたちは、日々の営みの中から見出した、苦境を乗り越えて幸せに生きていくための秘訣をいくつも教えてくれました。

▼子どもたちが教えてくれたこと

まず、深い苦悩を経験した子どもたちの回復の途上には、誰かとの意味ある出会いやかかわりがありました。前にも述べましたが、自分のありようを分かってくれたり、支えてくれたりする人の存在は大きな力になります。身近な親がそうであるに越したことはありませんが、逆に子どもを苦境に追い込んでしまうケースも多々あります。でも、困っていたり苦しんでいたりする子どもたちを放っておけないという人たちが、この世の中には少なからずいるのです。

中2のときに両親の離婚で父子家庭となったgくんは、髪を染め、素行のよくない友達と付き合うようになりました。当時、学校でも白い目で見られがちでしたが、ある一人の先生が毎日、笑顔で声をかけてくれ、あるときふと家の事情を話してみたら、その先生が涙をぬぐいながら聞いてくれたそうです。それからというものgくんは、再び勉学への意欲を取り戻し、大学生の今でもその先生とは交流が続いています。

感情的に不安定で、実は子どもを引き取りたくなかった母と同居していたh子さんは、人に会うのが怖くなり、中2ではほとんど登校できなくなってしまいました。中3で担任になった先生は、毎週、h子さん宅を訪ね、「h子さんは、大変ななか本当によくやってるよ。心配しなくても大丈夫」と、一緒に夕食をつくってくれたり、好きなピアノを教えてくれたりしました。また、クラスに向けて、ことあるごとに「h子さんっていう、家の事情でなかなか学校に来られないけど、すごくがんばってる仲間がいるんだよ」と話してくれました。h子さんは卒業を前にして、少しずつ皆の中になじんでいけるようになりました。

i子さんは、母親が異性関係から家を出ていってしまい、じきにクラスの活発な雰囲気になじめなくなりました。当初、恥じ入るように通った相談室の「相談のおばさん」とは、ｉ子さんが毎日作っている夕食のレシピや作り方などの話をするだけだったのですが、そのさりげない配慮にとても助けられたといいます。そんなｉ子さんは、大学の食物学科で栄養士を目指しています。

ｊくんは、家ではひとり親の母が不機嫌でイライラしていることが多く、小学校では仲間はずれに遭ってしまい、放課後は暗くなるまで、一人公園でサッカーのリフティングを繰り返して時間を潰していました。

あるときから、いつも公園を散歩しているおじいさんが、一緒にその回数を数えてくれるようになり、「すごいね、将来はサッカー選手だね。がんばるんだよ。応援しているよ」と励ましてくれるようになりました。そのおかげで、一番つらかったその頃をなんとか乗り切れたと語ります。

両親の離婚後、学校での対人関係のもつれから不登校になった高校生のｋくんは、経済的事情からやむなくスーパーでアルバイトをするようになりました。当初は外に出ることも苦痛で、自分を叱咤激励して通っていましたが、そのうち、「パートのおばちゃんたち」に、「いつもよく働いてくれるね。助かるわ。ありがとう」などと可愛がられるようになりました。それからというもの、働くのがなんだか楽しくなって、しばらくして高校にも復帰できたそうです。

離婚後も両親の傷つけ合いに翻弄されていたI子さんは、「こんなに弱い自分は生きていてもしょうがない、もう死にたい」と思い詰めていたとき、幼なじみの女友達と街でばったり会ったそうです。その子は「ヤンキー」になってしまっていて、I子さんは気乗りがしなかったのですが、誘われるがまま一緒に喫茶店に入りました。

しばらくしてその友達から、「なんだか元気ないね」って言われたので、身の上を打ち明けたら、「そんな状況だったら、そうなるのも無理ない。それはあんたが悪いんじゃないよ。あんたは弱いどころか、すごく強いよ」と言ってくれたそうです。それはI子さんにとって「生まれて初めて」、「自分は悪くないのかな、このまま生きていってもいいのかな」と思えた体験で、それをきっかけに、少しずつ自分を取り戻していきました。今は、「つらい経験をしている子どもたちを助けたい」と、大学で心理学を専攻しています。

私たちは人間関係の綾に苦しめられますが、人とのかかわりは私たちを支え、助けてくれるものでもあります。それは、必ずしも深い親密なかかわりとは限りません。ふとした出会いや、さりげないかかわり、あるいは、単にとりとめのない時間を誰かと共にすることに救われることもあるのです。

そのほか、今回は詳しく触れませんが、親の再婚相手や再婚家族が苦痛の源になることもあれば、自分を支え助けてくれる大事な存在になることもあります。また、異性との出会いはある種特別で、他人が信用できなくても交際相手には心を許し、その関係に支えられているというケースも少なくありませんでした。

▼思い詰めすぎず、苦悩をやりすごすこと

そのような意味ある出会いは、偶然に左右される面もありますが、親の離婚を乗り越えて前向きな日々を過ごしている子どもたちには、また別の共通点もありました。親の離婚を体験した子どもたちはおしなべて、悲しみや不安、淋しさや無力感などを抱きます。しかし、それらを繰り返し考え続けたり、苦悩にどっぷりと浸ってしまったりするのではなく、できるだけ思い詰めないようにするという意図的な姿勢を持つことが、精神的健康の維持や回復の大きな鍵となっていました。

m子さんは「離婚は起こっちゃったことだから仕方ない。うまくいかないことがあると、どんなことでも親の離婚のせいでこうなったって言えちゃう。でも、そうしたら、自分が落ち込むだけだから、なるべくポジティブに考える癖をつけた。最初は、なかなか難しかったけど、しばらくしたら、それが習慣になった」と語ります。

彼女は両親の不和が深刻で、「裁判所に何度か行かされたけど、なんだかドラマみたいで、誰にもできない経験ができた」とか「母子家庭でお金はなかったけど、お金のかからない楽しみをいろいろ見つけたり考えたりして、面白かった。どんな遠いところでも自転車で行ける体

力もついたし」などと、さらりと肩肘を張ることもなく話していました。

ｎくんは、「離婚後、ひとり親が忙しくてまったく放任だったから、全部自分で決めて行動してきた。その分何でも自由だったし、たいていのことなら一人で対処できるようになった。そうやってがんばっていたら、不思議といろんな人が助けてくれた。偏差値の高い有名大学にも合格したけど、自宅から通える大学を選び、毎晩、遅くまでアルバイトをしながら勉強した。先生とかキャリアセンターの人とかもすごく応援してくれ、念願だった出版関係の会社に就職できた。僕はいろいろな人に恵まれ、助けてもらってきた。親が離婚したからこそ、良い友達や良い先生とめぐり合えた。だから、僕も困っている人を助けられるような人物になりたい」と、さわやかに語っていました。

もちろん、誰もがそう簡単に物事を前向きに受け止められるわけではないでしょうし、現状や将来を悲観的に考えてしまうのもある意味、当然かもしれません。繊細で誠実な人だったり、親の自己分化度が低かったりすると、特にそうでしょう。しかし、たとえどんな人でも、自分を信じて、物事を思い詰めすぎず、前向きに生きていくことを選択し、それを習慣にしてしまえば、幸せに近づく可能性がぐんと高まります。

両親の深刻な紛争や感情的な反応に巻き込まれていたｏ子さんは、「このまま生きていても苦しむばかり」と死ぬことばかりを考えていましたが、さんざん苦しみ抜いた末に、あるときふと「人は苦しむために生まれてきたんじゃない。この世の中はいろいろなことがあるけれど、すべてを味わい楽しむために生まれてきたんだ」という想いが、どこからか湧いてきたそうです。

それからというもの、鳥のさえずり、道ばたの草花、そよぐ風、夜空に浮かぶ月などのすべてが、自分を支えていてくれるように思え、今は幼稚園の先生という夢に向かって着実に歩みを進めているといいます。そんなO子さんは、自分と同じような境遇の子どもたちへのメッセージとして、「自分に『自分で心配することないよ、大丈夫だよ』って言い聞かすんだよ。そのうち本当にそう思えてきて、なんとかなるから」と話してくれました。

こんなふうに私たちは、どんなに苦しい状況にあっても、自分の信念や意志で、幸せに近づくことができるのです。実際、世間には親の離婚など家族の苦境を経て、自己実現を果たしている人が数多くいます。そんな人たちは多かれ少なかれ、苦難への取り組みの経験を通じて、自分を大切にする、幸せに生きるということがどういうことなのかを具体的につかんでいるのです。

▼幸せに生きるためのヒント

そのために、大切なことの一つは、その時々の気分にあまり左右されずに行動することです。

それは、気晴らしになったり、一時的にでも苦しみを忘れられたり、好きで没頭できるような何らかの活動の場合もあれば、休めない授業とか、部活やサークルとか、アルバイトなどの場合もあったりします。

落ち込んでいたり、気が滅入っていたりすると、面倒なことはもちろん、本来、楽しみなことでも気乗りがしなくなります。でも、いったんやってしまえば、苦悩にとらわれる時間は確実に減ります。逆に、気持ちがついてこないからと、深く考え込んだりふさぎ込んだりしていると苦しみがかえって増してしまいます。子どもたちの言葉を借りるなら、「本当にしんどかったけど、休めないコンビニのバイトに出かけてがんばっていたら、いつの間にか気が晴れていた」とか、「最悪のときは、とにかく外に出て太陽に当たること。自分の頭の中だけで考えていると、どんどん深みにはまっちゃう」ということなのです。

ただし、それは、自分の身に起きたことを否認してしまったり、無理にないものにしてしまったりすることとは違います。本来の苦しみを、無理やりないものにしてしまうと、逆に回復が遅れてしまうようです。耐え難い苦しみは、その強度がずっと続くことはありえません。「苦痛」とて自然現象の一つにすぎませんから、波や風のようにやってきてはいずれ去っていくものです。苦悩が激しいときに、自分で自分を追い込んでしまったり、あまりにも突発的なことをしてしまったりすると、苦しみがさらにこじれます。

出会いの大切さは先に述べましたが、自分を救ってくれるものは人との出会いだけではありません。それは本を読むことかもしれませんし、ペットと触れ合うことかもしれません。あどけない子どもの笑顔に触れることかもしれませんし、一人夜空の星を見ることかもしれません。音楽を聴いたり演奏したりすることかもしれませんし、漫画やゲームに没頭することかもしれません。苦しみの渦中にあると、自分を支えてくれるもの、癒やしてくれるものに敏感になり、自分に大切なことが見えてきます。

ｐ子さんは、親の離婚後、自分をひどくさいなみ、誰のことも信じられなくなってしまい、「毎日図書館に入り浸り、本の世界に逃げ込み」ました。すると、「登場人物の一言一言が私を励まし、助けてくれ」たそうです。そんなｐ子さんは、図書館司書の資格を取りました。

ｑくんは一人ぼっちで寂しかった日々、「漫画をむさぼるように読み、過酷な人生を送っている主人公たちから、困難の乗り越え方をたくさん教えてもらった」と言います。

「すごく落ち込んでいるときに、お笑いのテレビ番組を見て、思わずクスっと笑えて、明日もなんとか生きていこうって思えた」というｒ子さんは、お笑い業界の関連会社に内定が決まっています。

子どもの笑顔に癒やされていたｓ子さんは、子どもの良い表情をもっともっと引き出したいと写真家を目指しています。

tくんは、家のリフォームをきっかけとして、離れ離れだった家族が集まるようになったテレビ番組に感じ入って、建築士を目指しています。

いったんそんな目標が芽生えると、ともすれば退屈な毎日の生活や学校の授業にも身が入ります。つらく苦しいときに自分を支えてくれたことを仕事にする、あるいは自分の経験を踏まえて人の役に立つ仕事に就くというキャリアの選び方は、とても素敵なことだと思います。

現実に、小説家、映画監督、俳優、スポーツ選手、芸人、起業家など、親の離婚を経て、そんなふうに活躍している有名人がたくさんいます。

▼親の離婚で悩むきみたちへのメッセージ

最後に皆さんが、今、親の離婚に悩む子どもたちのために残してくれたメッセージをお伝えします。

「いくら悩んでも、自分では変えられないことがある。私はすごく苦しくなったら、悩んでも悩まなくても一緒って自分に言い聞かせて、考えないようにした。そうしたら、ずいぶん楽になったよ」

「太陽は勝手に沈んでまた昇ってくる。とにかく、生きのびていれば、必ず転機がくるよ」

「ひどく落ち込みそうなときには『ダメダメ考えない』って自分に言い聞かせて、テレビ見るとか、ゲームするとかしてね。思い詰めちゃだめだよ」

「自分の好きなこと、楽しいことを中心に毎日をつくっていって。親に自分の人生を振り回されないように」

「ほんとにほんとに困ったら、助けを求めるんだよ。誰かがきっと力になってくれるから」

「あのときに戻れたら、あのとき自分がもっとこうしていたら、あの晩、もし私が起きていたら、親が出て行くのを止められたんじゃないかって、誰もが思うものなんだよ」

「どうしても、離婚を自分のせいにしちゃったり、自分を責めちゃうときがあるよ。そんなときは誰かに話すんだよ。自分を責める気持ちを溜め込むのは絶対ダメ」

「親が離婚して可哀想とか同情してくる人には注意すること。そう言われて、自分で自分のことを可哀想とか思っちゃったら、被害者意識も出てくるし、本当に不幸になっちゃう。『たとえ親が離婚しても大丈夫。あなたは幸せになれる』って自分の可能性を信じてくれる人がいい」

「すごく傷ついたり、何で生きているのかなって分からなくなっちゃったりすることあるよね。でもね、自分の人生は自分で変えていけるし、自分で変えていくものだよ」

「私はこのまま周囲に翻弄される人生、人の顔色をうかがう人生を続けるのはやめようって思った。自分と向き合って、きちんと自分の想いを伝えていく人生を選んだ。そうしようと思えば、そうなれる」

「いつまでも、自分の不幸を家族とか親のせいにしていたって、幸せにはなれないんだよ。幸せは人との比較じゃない、結局自分がどう思うかなんだ」

「幸せは与えられるものじゃない。自分で見つけていくものだよ。今の状況で楽しめるもの、恵まれていることをなるべく見るようにするんだよ」

▼おわりに

私は今回のインタビューを通じて、本当にいろいろなことを教えられました。大人とて心の弱い存在であり、自らの苦しみのあまりに、身近な子どもたちを苦しめてしまうことがあること。

そんな子どもたちには例外なく、親の苦しみを気遣う優しさや思いやりが息づいていること。困難な経験を通して、自らの人生を切り開いていこうとする子どもたちの強さやしなやかさ。人の幸不幸は、周囲との比較や今起きている出来事のみでは単純にはかれないこと。人は誰もが自分を大切に、幸せに生きていくことを自らの意志で選び取っていけること。その意志あるところには、不思議といろいろなものが味方してくれること。

そんな子どもたちからの大切なメッセージが、少しでも読者の皆さんにも伝わりますよう願っています。最後に改めて、同じような境遇の子どもたちの力になりたいと、インタビューやその公表に快く応じてくださった皆さんに心から感謝申し上げます。

第Ⅱ部

さまざまな親子の姿

～学校での心理支援の現場から

ここでは、学校や家庭でさまざまな重荷を抱える子どもたちが、どうしたら少しでも幸せに近づけるのかということについて考えてみたいと思います。

その基盤となっているのは、私がこれまでさまざまな学校でスクールカウンセラーとして子どもたちとかかわってきた経験です。私なりにいろいろな限界や力不足を自覚しながらも、目の前の子どもたち一人ひとりが、どうしたら本来の生き生きとした姿を取り戻せるのだろうかとあれこれ考え、試行錯誤してきたそのありようです。もちろん、うまく支援できたケースばかりではありませんし、少し常識からはずれるような対応もあえて紹介しています。

読者の皆さんは、きっとさまざまな想いがめぐるでしょうが、これをきっかけとして、あるいは反面教師として、子どもや家族のために本当に役立つ支援とはどのようなものかについて、それぞれに考えていただければ嬉しいと思います。

第3章 自分をさいなんでしまう子どもたち

▼C子さんのケース

まだ暑さの残る9月下旬、担任の先生に連れられて相談室を訪れた中3のC子さん。そのうつむいた顔には涙の跡が残っていました。その訳を尋ねると、「自分の容姿がよくないからクラスで嫌がらせをされる。今までずっと我慢してきたが、もう限界。学校来たくない、死んじゃいたい」と、再び涙ながらに訴えます。

よくよく話を聞いてみると、いろいろな事情が分かってきました。お父さんが学歴にとてもこだわりのある方で、C子さんは小さい頃から連日長時間の勉強を課せられ、集中できなかったり、誤答や書き損じをしたりすると、怒鳴られたり叩かれることもしばしばあったそうです。

C子さんは名門私立中を受験しましたが不合格となってしまい、地元の公立中に通うことになりました。以来、「学区内でトップの高校に進まないと将来がダメになる」と、プレッシャーがさらに厳しくなりました。しかし、成績は伸び悩み、中3でとうとう学年順位が10位を切ると、テレビや漫画、ゲームなどの娯楽を一切禁止されてしまいました。

もともと友達付き合いが苦手だったC子さんでしたが、ますますクラスの話題や「乗り」についていけなくなり孤立してしまい、実際に周囲の生徒からは、悪口や中傷的な嫌がらせもあったようです。

一方、母親は父に対する愚痴や不満が絶えず、あえて父に反して、C子さんにテレビを見せてあげたりしたかと思うと、自分の機嫌が悪いときには「勉強さぼって、将来はただの不細工な人にしかならない」などの言葉を、吐きかけたりすることもありました。

お父さんはどうやら劣等感が強い方で、それを有名大学出身の肩書でカバーしてこられ、お母さんは長いこと自分自身の不安定な感情を持て余してこられたようでした。そんな両親は、互いの不幸せ感がもとで、仲違いや陰険な争いを繰り返してきたのでしょう。そのなかでC子さんは、小さな心を痛めながら二人の関係を気遣い、顔色をうかがい、双方の期待に応えることで、家族をなんとか支えようとしてきたのだろうこと、反面、そんな両親から無条件に可愛がられた体験はきっと少ないだろうことなどが想像されました。

C子さんは、「私、顔も良くないし、暗いし、頭も良くないし、友達からも嫌われてて、もうこんな自分は生きてても仕方がない」と話します。ただ、実際のC子さんは、もともと能力も高く、周囲の状況や雰囲気を察して気遣える優しさも備えている人でした。そんなC子さんが、自分のことをひどくさいなんでしまっている。だからこそ、今ここで何らかの支援ができないものかと考えをめぐらせました。

家庭の事情がいろいろ背景にあるC子さんですが、最近「死にたい」とまで思い詰めるようになった直接の原因は、クラスの友達から無視され、孤立感が強くなってしまったことのようでした。たしかに、その話題になると「自分の性格が暗くて、顔も悪いから嫌われる」と自分を卑下したかと思うと、「みんなアイドルグループとか、ＬＩＮＥだとかくだらないものに夢中になって、馬鹿みたい」とC子さんにはそぐわないほど語気が強まります。

自分に自信がなかったり、自分をさいなんでしまっている人は、本当は周りからの好意や親密な関係を求めているのに、逆に感じが悪く思われてしまうということがよくあります。「馬鹿みたい」という言葉は、家族の重荷を一人負っているC子さんが、同世代の友達と気軽に親しくなれない淋しさへの精一杯の意地なのだろうと思いました。

私はC子さんに、「あのね……中学生くらいだと、C子さんの本当の良さが分かるような人は少ないよ」「高校、大学とか社会に出るようになるにつれて、C子さんの優しいところとか、素敵なところがもっともっと分かって、C子さんのことをいいなって思う人が増えてくるから大丈夫。今だけ、ちょっと辛抱だよ」と伝えました。

しばらく何かを想いめぐらせていたC子さんの表情が、いくぶん晴れやかになったかと思うと、おもむろに「私、勉強がどうしても好きになれなくて……」と口を開きます。

「それ、すごい普通だよ〜」

「えっ、そうなんですか？」

「そうだよ。普通、勉強は嫌なもんだよ」

「でも、お父さんは、がんばればそのうち勉強は楽になって好きになるって……」「それに勉強は将来、必ず役に立つぞ。逆に勉強ができないと、一生苦しむことになるぞ、って……」

「役に立つこともあるかもしれないけど、あんまりないかも。実際、毎日暮らしていて学校の勉強がすごく役立ったとか思うことそんなにないよ。べつに英語知らなくても困らないし、買い物で方程式とか使わないし。何より、つまんない勉強多いし……。正直なこと言うと、僕は、勉強は楽でも好きでもないかな」

思わず「くすっ」と笑顔を見せたC子さんは、

「私ね、本当は写真家になりたいの、子どもの笑顔をたくさん集めたいの」と話します。

「へぇ、そうなんだね。とっても素敵」


こんなやりとりを経て、その後の中学校生活を乗り切ったC子さんは、結局は地元の進学高に合格し、晴れやかな笑顔で卒業していきました。

▼がんばって努力することの落とし穴

私たちの多くは、がんばって努力して自分を向上させることが、「幸せ」になる王道だと思っています。C子さんのことを、そしておそらく自身のことをも「もっとこうあるべき」と叱咤激励して生きてきたお父さんは、まさにその典型だったと思います。

しかし、「努力して自分を変えなければ幸せになれない」という考えは、今のありのままの自分を否定していることにほかなりません。物事がある程度順調に進んでいるときは、それでもあまり問題はないのですが、何かでその歯車が狂ったり、うまくいかないことが続いたりすると、その考え方がますます自分を追い詰め、心の不調を招いてしまいます。

私たちは自分を否定しながら「幸せ」には生きられません。それは大人でも子どもでも一緒です。自分のありようを受け入れることができ、今の自分を大切にできているときにこそ、「幸せ」を実感できるのです。

特に現代は、学歴の価値を絶対視しすぎて、親が子どものありようを受け入れられず、親子共々ひどく苦しんでいるケースをよく目にします。一例として、早期の進学校受験の弊害は、皆さんの想像をはるかに超えるものだと思います。小学生くらいの子どもが、志望校を目指して、遊んだり、テレビを見たり、のんびりしたい気持ちを抑えて、一生懸命にがんばる。しかし、競争率は少なくとも数倍ですから、それでも合格できない子どものほうがはるかに多い。そして公立校など、不本意なところに通わざるをえないと、あたかも人生の落伍者のように元気をなくしてしまったり、ちょっとした学校生活上のストレスにすぐ挫けてしまい、不登校になってしまったりするケースが山ほどあります。

また、たとえ志望校に受かったとしても、周囲のレベルについていけなくなってしまったり、我慢して勉強することに耐えられなくなってしまったりする場合も少なくありません。にもかかわらず、親がそのありようを受け入れられず、子どもをもっとがんばらせて、子どもがうつやひきこもりになったり、親に暴力を振るうようになったり、逸脱行動に出てしまうというケースも多々あります。名門進学校の生徒が自殺したり、深刻な犯罪を起こしてしまったりすることも決して稀ではありません。

かつて、1998年に国連の子ども権利委員会は、日本の「高度に競争的な教育制度」が子どもたちに強いストレスを与えているとして、それを改めるよう勧告しました。子どもたちの苦悩、いじめ、精神障害、不登校、中途退学、自殺などを助長している可能性があると指摘したのです。にもかかわらず、わが国の2017年度の児童生徒の自殺者数は過去30年間で最多です。その原因は、「不明」を除けば「進学問題」が最も多く、「家庭不和」「学業不振」「父母等の叱責」と続きます。翌2018年度は10代の自殺者がさらに増加し、その理由の上位は同じく不明を除いて、「家庭不和」「父母等の叱責」「進路問題」「学業不振」です（文部科学省、2018・2019）。

つまり、本来、子どもの将来の幸せを望んで、今の日々を犠牲にして我慢させ、努力させ、勉強させているのに、そのことが逆に不幸せを招いてしまっている場合がとても多いのです。

もちろん、これは成績が良好な子どもたちに限ることではありません。一人ひとりの能力や向き不向きには違いがあります。痩せて体力もあまりないタイプの我が子を、スポーツ選手にしようとは普通は思わないでしょう。でも、頭の中は外から見えませんから、誰もが必死に努力すれば勉強ができるようになり、有利な学歴が手に入ると思ってしまうのです。そもそも私たちは自分にあまり向いていないこと、好きではないこと、気乗りのしないことは、努力がなかなか続かないものです。それを長いこと強制されると、心身共にかなりのダメージを受けてしまいます。

しかし、人間の価値と学業成績とを混同しているところに、我慢や努力や向上心が絶対的な「善」であるという思想や教育が加わると、本来の自分らしさや向き不向きの判断がなかなかつかなくなってしまいます。その意味でも、「勉強が嫌い」とか「がんばれない」などといったごく自然な感情を、一概に「悪いもの」として抑えつけず、大切にしてあげることが肝要です。

学歴が高くなくても、容姿がさほど優れていなくても、運動が苦手でも、社交的でなくても、豊かな人生を送っている人はたくさんいます。そういう人はあまり話題に上ったり、取り上げられたりしないだけです。逆に、人もうらやむような多くのものを兼ね備えていても、絶えず劣等感にさいなまれ、不幸せに生きている人も少なくありません。ですから、自分にとって、子どもにとっての幸せとは何かということを、私たち一人ひとりがしっかり考えていく必要があるのです。

▼親が子どものありようを受け入れられない

特に、親が子どものありようを受け入れるのがひどく難しくなるのは次のような場合です。まずは、親自身に劣等感の強さや自分肯定感の低さがあるときです。よくあるのは、自分が学歴へのコンプレックスを引きずっており、それを、今のありようへの不満足さと結びつけてしまい、だからこそ、「いい学校を出ないと幸せになれない」と、子どもにプレッシャーをかけてしまうタイプです。

もう一つは、自分を叱咤激励して我慢や努力を重ね、その結果、社会的経済的な有利さを得ているような場合です。特に、家庭の事情で複雑な思いを抱えてきたとか、何らかの理由で人づきあいが不器用で生きにくさを抱えてきたとかいう人が、受験勉強に没頭し、高学歴や社会的地位をつかみとって自分を保ってきたようなケースがあります。すると、学歴が幸福の絶対的条件という信念が揺らぎのないものになってしまい、それを当然のように子どもに押しつけてしまいます。そして、その認識が薄いままに、子どもをひどく追い詰めたり苦しめたりしてしまうのです。場合によっては、心理的あるいは身体的虐待に近いような親子関係にまでなってしまい、家族が不和になるだけではなく、離婚や別居に至ってしまうケースもあります。

どちらのタイプにしても、実は、親自身の生きる不安や自信のなさがその根底にあるのですが、それに無自覚なゆえに、良かれと思ってやっていることが、かえって子どもや家族を不幸にしてしまうのです。

子どもの限度を超えて無理を強いてしまうということでは、いわゆる発達障がいやそれに近い特性を持つ子どもへの対応に、典型的に現れることもあります。そのような子どもたちは、記憶の定着が悪かったり、書字や計算が苦手だったり、理解や判断の仕方がユニークだったりして、学校での画一的な勉強にはあまり向いていないところがあります。親はそんな子どものありようをなかなか受け入れられず、どう見ても無理な要求や期待を手放せないことがしばしばあります。親心としてある程度は理解できるのですが、その子どもが問題行動や不登校などで明らかに限界のサインを出しているにもかかわらず、それを認めるのが遅れれば遅れるほど、事態はどんどん深刻になっていきます。

▼Dくんのケース

Dくんは小さい頃から何をやるにも不器用で、物覚えも悪く、字はうまく書けないし計算も苦手、勉強をやらせてもすぐに飽きてしまうような子どもでした。母親はそんなDくんをなんとかしようと、毎日つきっきりで、「そんなことでどうするの」「こんなこともできないと大変なことになるんだよ」と叱咤激励し、すぐに気が逸れて落ち着かなくなってしまうDくんに、手も上げながら、小学校では「中くらい」の成績をなんとか維持させてきたそうです。学習塾はもちろん、スイミング、ピアノなどの習い事にもまじめに通い、当時のDくんはとても素直な子で、何かの問題を起こすような子どもでは決してなかったといいます。

しかし、中学に入ると、Dくんは徐々にそんな母親のかかわりを嫌がるようになりました。しまいには、勉強をやらせようと部屋に入ってくる母親を押しのけたり、足蹴にしたりするようになり、さらには、素行のあまり良くない友達との夜遊びに走るようになってしまいました。母親は、そんなDくんの態度を「よくある反抗期に、悪い友達の影響が重なった」ととらえ、「以前のような素直なDくん」に戻そうとさらに管理を強化したり、交遊仲間に直接説教したり、「徹底個別指導」を喧伝する学習塾に新たに手続きをしたりしたのです。するとDくんの問題行動はますますエスカレートし、仲間の家に泊まり歩いて学校にはまったく行かなくなり、街で喧嘩や恐喝を繰り返すようになってしまいました。こうなって初めて、お母さんは疲れ果てた様子でカウンセリングに来られました。

私はお母さんに、人は普通、自分の苦手なところの努力や我慢を迫られると、その成果があまり実らないばかりか、心がどんどん追い詰められ、思ってもみない行動に出てしまうことがあること、Dくんは今まさにそんな状況にあることなどをお伝えしてみたのですが、当初は、偏差値30台の子が一流私大に合格した本の話題を持ち出してきては、どうしても納得できないようでした。しかし、なかなか出口の見えないDくんの荒れた姿に、迷い、懊悩し、困り果て、行きつ戻りつしながらも、次第に大切なことに気づいていかれました。

人には誰にでも向き不向きがあること。それを親の望みで、無理に矯正しようとしすぎると、幸せから遠ざかってしまうこと。ありのままのDくんを受け入れられなかったのは、複雑な家庭で育ち、子どもの頃からあまり人を信じられず、日々、自分を奮い立たせて生きてきた自身の来し方や、ぎくしゃくしている夫との関係などの影響も大きいこと。その意味で振り返ってみれば、これまで自分の感情や機嫌に左右されて、Dくんにこうしろああしろと言ってきたこと。であるならば、まずは自らが自らの人生をしっかりと朗らかに生きていくことこそが大切であること。そして、今回Dくんが身を賭してそれに気づかせてくれたと、そんなことを私に語ってくれるまでになりました。

時間はかかりましたが、そんなお母さんの変化に伴い、Dくんも徐々に落ち着きを取り戻し、飲食店でアルバイトをしながら通信制の高校に通う毎日となりました。調理師の免許をとって、将来、自分の店を持つのが目下の夢だそうです。

子どもの好奇心～生来の学びの意欲

「勉強」のように、たとえそれが一般的に「善い」ことであっても、限度を超えて努力や我慢を強いられると、本来の自分らしさを損ない、かえって「幸せ」から遠ざかってしまうということをお話ししてきました。それを「強いる」相手というのは、親はもちろん、親や社会の価値観をよく考えずにそのまま内面化してプレッシャーをかける自分自身も含まれます。

まだDくんのように、それに反抗できるエネルギーのある子どもは、親子のカウンセリングなどをきっかけに自分本来の姿を取り戻していくことが比較的容易です。逆に親に従順であったり、親に相当のパワーというか執着がある家庭の子どもは、そこからの脱却が難しくなり、大人になっても低い自尊心や「うつ」に苦しんだり、ひきこもりのような状態が続いたりしてしまうことも少なくありません。本来の自分らしさや伸びやかさが抑え込まれる期間が長ければ長いほど、事態は難しくなってしまいます。

自分本来のありようを大切にして生きていくということは、何にも増して私たちの幸せにとってなくてはならないことです。たとえ周囲の人と比較して、できないことや苦手なことが多かったとしてもです。そのことが基盤にあってこそはじめて、勉強でも、そのほかの鍛錬でも、私たちの人生を豊かにしてくれることに大いに役立つのです。

生来、私たちには、知る喜び、学ぶ喜び、自分を高める喜びが備わっています。幼い子どもの森羅万象への関心の持ち方や、あくなき好奇心、チャレンジ精神を見ていると、それが自然で生まれながらのものだということがよく分かります。もちろん子どもだけではありません。私たち大人だって、仕事上のことでも、趣味のことでも、ダイエットの方法でも何でも、興味関心があることは自ら進んで調べたり、人に尋ねたり、あれやこれや考えてみたりするでしょう。その意味で、学ぶこと、知識が増えること、スキルを身につけること、自分が成長することは、私たちにとって本来、喜びの体験、幸せな体験です。

ところが、押しつけられた勉強や習い事、手段でしかない受験勉強、他人との比較による優劣評価などは、そんな好奇心の発露や、学ぶ喜び、自分を高める喜びを減衰させてしまうのです。今、学校現場ではそんなもったいないことがありふれています。

村上春樹の『海辺のカフカ』（村上、２００２）という小説には、「石」や「クラシック音楽」についての「勉強」が好きになる青年の話が出てきます。成績的に「落ちこぼれ」で、かつては素行も良くなかった彼が、ある経験を通じて「石」に関心が湧き、それまではまったくなじみのなかった図書館で「石」のことを調べてみる。すると、「石」に関する知識や関連する概念が増えていく。音楽についても、ふとした出会いから似たようなことが起こり、それにともない彼自身の人生も豊かになっていく、という話が出てきます。その青年は、私たちの多くが失いかけている「勉強の喜び」を、示しているのではないかと思います。

話は少し変わりますが、最近では「ゲーム依存」の問題が良く取り上げられています。学校での教科勉強にはひどく無気力な子どもが、家に帰れば長時間ゲームに没頭しています。でも、子どもたちがゲームにはまる大きな理由は、そこでの課題達成が簡単ではないからです。もし、たやすくクリアできるようなたぐいのものだったら、ゲームに没頭することはまずないでしょう。ですから、そこには、何らかの効力感、達成感を得ようとする子どもたちの「意欲」や、そのためにいろいろ調べたり、考えたり、仲間うちで教えあったりする、そんな「学び」の喜びが見てとれます。子どもたちにかかわる者は、そんな側面をもしっかり見て、それをなんとか支援に活かせないかなと考える視点も大切だと思います。

第4章
子どもたちが本来のありようを回復できるところ

いわゆる不適応や問題行動の子どもたちは、例外なく、なんらかの事情でその子らしさが不自然に抑えつけられていたり、否定されてしまっていたりします。だからこそ、心理支援においては、問題を改善するとか治すとかという発想よりも、その子の存在やありようが脅かされることなく、その子の持ち味が尊重され大切にされるような関係性や居場所を用意してあげることのほうが、ずっと大切なことだと思います。

総じて、学校に来られなかったり、ゲームやスマホに没頭したり、自室に引きこもってしまう子どもたちには、自分のありようが脅かされず、無理強いされない「空間」や「雰囲気」を求めているところがあるようです。

そして、そんな子どもたちのほとんどは、なんらかの家族の事情を抱えています。本来、お父さんお母さんから可愛いがられ、慈しまれるはずの家庭で、逆に親を気遣ったり、親の機嫌を気にしたり、自分の気持ちを抑えたりなどといったことを余儀なくされています。だからこそ、子どもたちが伸びやかに振る舞え、一人ひとりの個性やありようが尊重されるような「居場所」がどこかにあると、子どもたちはずいぶん救われるのです。

学校における心理支援においては、そんな居場所や支援関係をうまくつくることができるかどうかが大きな鍵になります。スクールカウンセラーや教職員が協力し合って、学校の相談室にそんな雰囲気がうまく醸成されると、不登校だったり、元気がなかったり、心の不調を抱える子どもたちが、次第に自分らしく伸び伸びと振る舞えるようになり、さらに、本来の好奇心や学びへの意欲を取り戻していったりすることも少なくありません。

Eくんのケース

中2のEくんが学校に来なくなって三週間くらいが経ち、担任の先生から相談がありました。Eくんは吃音があり、周囲の子どもたちからからかわれたり、いじられたりすることが多く、これまでも学校を休みがちなところがありました。ただ、今回のようにずっと来なくなってしまうということは初めてだとのことでした。

そこで、ある暑い日の昼さがりにEくん宅を訪ねてみると、衣服や雑誌、布団、そのほか不要物などが風通し悪く放置されているなか、一人スマホで、人が殺される場面や事故の動画を見ていました。

「ちょ、ちょっと、ちょっと、そんなの見てて怖くないの？」というと、「全然、怖くないですよ」「先生も見てくださいよ」と、血みどろのおどろおどろしい映像を私に見せてきます。「ダメ、ダメ、ダメ、ダメ。そんなの見ると、夜、怖くてトイレに行けなくなっちゃう。やだ。やだ、やだ」

「先生、それでも大人ですか？（ニヤニヤしながら）子どもみたいですね」といったやりとりを経て、少し学校のことを尋ねてみました。

Eくんは、たどたどしい物言いで、「学校に行くと不良グループのアタマのFがおり、最近いつも『何こっち見てんだ』とか『ふざけてるんじゃねえ』と言いがかりをつけられ、腹を殴られたり背中を蹴られたりする」と話します。その表情は、Fくんの存在を怖れてもいながら、抑える怒りがこみあげてきてもいるような様子でした。

そこで私が、「そんなふざけているやつがいるのか！」「よし、一緒にそいつの復讐計画を立てるか！」と積極的にEくんの肩を持つと、「いや、いや、そこまでは……」とやや溜飲が下がります。

どうやら人と話をするのが嫌ではなさそうなEくんに、少し家族の事情を尋ねてみると、両親が暴力沙汰を繰り返して離婚したり、近親者が自殺したりといった深刻な事情を淡々と語ります。Eくんが家で一人過ごす際に、死亡事故場面のような凄惨な映像にとらわれてしまうのも、どうやらそんな家族の背景も影響しているようでした。

私は、Ｅくんをあまり一人で家に置いておきたくないように思い、「良かったら一緒に相談室に行かないか」と誘うと、Ｅくんもまんざらでもなさそうでした。でも、いざ家を出ようとなると、足が止まりがちになります。どうも、Ｆくんやその取り巻きたちと顔を合わせてしまうことへの不安や怖さがあるようでした。

「よし、それならいい方法がある」「誰だかバレないように変装していけばいい！」『スパイ大作戦』だ！」と称して、まずは私が黒色のビニールテープを数センチに切り、鼻もとに張って「髭」に見立て、「こうしてちょび髭つけて、あとは、帽子とサングラスも持ってきているから、絶対、Ｅくんってわからない。大丈夫！」と言うと、「先生、それだけはやめてください。頼むから普通の格好にしてください」とＥくん。

そうこうしながら、その勢いで一緒に学校に向かいました。

学校が近くなると、校庭で体育をやっているクラスがあるのがわかり、Ｅくんの表情が若干こわばります。「よし、ここからはスパイ大作戦、第二弾だ！」と、私の上着をＥくんに着せ、木の陰から小走りに校門の陰へ、焼却炉の後ろから這いつくばって花壇の陰へと身を隠し、無事校舎の裏から相談室への入室に成功しました。

「よくやった！　ミッション成功だ！」というと、Ｅくんは『スパイ大作戦』って、馬鹿みたいだ」と、ニヤニヤ笑っていました。

嫌なこと、気が進まないことをするのは、誰にとっても腰が重いことです。でも、そこにゲーム性というか遊びの要素が加われば、少しはやる気が出ることがあります。その相談室には、似たようなやり方で学校に来られるようになったほかの仲間もいて、それぞれがそれぞれの個性でEくんを迎え入れてくれました。

さて、相談室では各自が学校の課題や勉強に取り組んだり、とりとめもなくテレビ番組や漫画やゲームなどの話をしたり、ときに、何をすることなくまったりと過ごしていることもあります。そんなとき、私もボーッとして目をつむったりしていると、Eくんが、

「先生、ひょっとして今、居眠りしてなかったですか？」

「し、し、してない、してない……」

「いいんですか？　先生が居眠りなんかしてて」

「た、た、頼むから先生には黙ってて……」

などというやりとりになります。

それにつられて、ほかの子どもたちも、「先生の着てるヨレヨレの服は、50円の古着でしょ」とか、「先生は、おデコが広くて、歯が原始人のように小さいですね」などと、そろって私を馬鹿にしてきます。

「おい、先生に向かってそんなこと言うと、先生に言いつけるぞ！」という私の一言に皆が笑います。

そのなかには学校を休みがちな緘黙《かんもく》の生徒もいたのですが、そんなときは、その子も一緒に

なって、私を馬鹿にするような言葉や変な絵を黒板に描いて仲間に加わります。そうしているうちに、いつのまにか皆と一緒に私の悪口を言うようになり、そのまま普通に話すようになってしまいました。その子も複雑な家庭の子どもでした。

勉強の時間では、主に元教員の相談員や先生たちが皆に勉強を教えてくれますが、ときに私が担当することもあります。私は「クイズ大会」と称して、簡単な英単語や漢字、そのほかの問題などを出し、分からない場合には、トンチのようなヒントを出して、間違っても珍解答でもいいから皆に答えてもらうということをしていました。

きちんとした学習支援ということからすると無責任かなと思うのですが、案外、子どもたちはそれを楽しみにしていて、「今日は勉強やらないんですか？」「早くやりましょうよ！」と催促してくることもよくありました。

そんな様子から、そもそも勉強が好きなようには見えない子どもたちであっても、何か新しいことを覚えたり、知識を獲得したりということは快い体験であり、勉強は誰かにやらされたり義務感でやったりすると不快でしかないけれど、自ら進んでやりたいと思えば喜びや楽しみになるんだなということを、改めて教えられました。

そういえば、小さい頃、お父さんやお母さんに、「問題出して！」「なぞなぞ出して！」とねだった経験は誰にでもあるのではないでしょうか。そんな子どもたちの意欲や好奇心を生かしはすれ、枯渇させないような教育のありかたの大切さと難しさを考えさせられました。

そんなふうにEくんの相談室登校が軌道に乗ってきた頃、相談室の近くを通りかかった例のFくんが、たまたま開いていたドア越しにEくんの姿を見つけ、つかつかと歩み寄ると、Eくんの耳もとに「お前、学校に来て調子に乗ってんじゃねえ。ぶっ殺すぞ！」と声を潜めて吐きすてました。

私は、即座に二人の間に分け入り、「すぐにここを出ていきなさい」とFくんに迫りました。Fくんは私を鋭く睨み返し、「うるせえ。てめえ何様だ。ふざけんな」と声を荒げます。私は「そういう脅しは許さない。すぐ、ここから出ていけ」と大きな声を出し返しました。Fくんは腹立たしそうに、黙ったままその場を離れていきました。

私の対応は決して褒められたものではないと思います。遠巻きにいた子どもたちも、たまたま相談室近くにいた先生も、いつもの私との変わりように驚いていたようでした。ましてや、私はFくんがあまりいい家庭環境で育っていないことを知らないわけでもなかったので、なおさら後味の悪さが残りました。ただ、少なくともEくんは、そのことでかなり安堵したようで、それからというもの、さらにいろいろなことを私に話してくるようになりました。

Eくんは暇があると、よく不用紙の裏側に家の間取り図や設計図を書いており、ある日、工作用紙を切り取って、設計図に沿ってミニチュアの家を作り上げました。それが、なかなか見事な出来映えだったので、「建築士とか設計士って仕事があるの知ってる？」と聞くと、「あのビフォーアフター（テレビ番組「大改造!! 劇的ビフォーアフター」のこと）の匠《たくみ》の人でしょ？」と言います。Eくんは「匠」のおかげで家が見事にリフォームされ、家族が幸せになっていくその番組を、小さい頃からよく見ていたそうです。

それからというもの、設計や建築関連の仕事を意識した話が多くなり、自分でもいろいろ建築設計のためのソフトウェアなどを調べたりしていました。そんなEくんは中学卒業後、働きながら通信制高校に通い、自分なりのペースで勉強を続けているようです。

G子さんのケース

中1のG子さんが、学校に来なくなって半年以上が経ちました。原因ははっきりとはわかりませんが、当初から中学校での勉強にはほとんどついてこられなかったそうです。中2で新たに担任になった先生から依頼されたこともあり、あまり日当たりのいいとは言えないトタン屋根のアパートに、G子さんを訪ねました。当初は、飼い猫とゲーム機を肌身離さず抱えていたG子さんでしたが、徐々に私の訪問にも慣れてきて、飼い猫をなでさせてもらいながら、たわいもない話をして帰るということを何度か繰り返しているうちに、相談室に登校できるようになりました。

相談室にもすっかりなじんできた夏休み前、学校の進路希望調査がありました。担任の先生がG子さんに卒業後の進路の希望を尋ねると、うつむいて黙ってしまいます。少し恥じ入るようなその様子が気になり、後でそっと、「G子さんは、卒業してどうしたいとか、あったりするの？」と尋ねてみました。

　すると、G子さんは躊躇しながらも、「先生あの……」「みんなと高校、行ければ行きたいかなって……」「頭悪いから、全然わかんないんだけど……」と声にならないような声で話してきます。

「そうなんだね」「じゃ、少しは勉強できるようにしたほうがいいね」「これから、ここでちょっとずつ勉強しようか」と言うと、自信なさげながらも一応うなずきます。

　さっそく手元にあった中1数学の簡単な計算問題を一緒にやってみたところ、なかなかハードルが高いようでした。そこで、少しずつレベルを下げていったところ、分数の計算はおろか、数字が二けた以上になってしまうと加減乗除もままなりません。G子さんは問題が解けないたびに、ひどく恥じ入るようにうつむいてしまいます。


「あのさ、できなくてもね、全然恥ずかしいことじゃないんだよ」

「できる人は、練習を重ねて慣れているからできるだけで、頭がいいとか、悪いとかっていうことじゃないんだよ」

「G子さんも、今できるところからスタートしていけば、必ずできるようになるから大丈夫」と、まずは、二けたの繰り上がりのある足し算のやり方を、一緒に思い出すようにやってみると、何度目かで正答にたどり着きました。

「そう、それでいいんだよ」「できてるよ」と伝えると、気のせいかG子さんの瞳が一瞬きらめいたように見えました。

続いて、引き算、掛け算、割り算も、間もなくできるようになりました。

今度ははっきりとG子さんの顔に生き生きとした表情が灯りました。長いこと行き詰っていた勉強が、ほんの少しできるようになり、ほんの少し自信がつくことが、こんなにも人を変えるんだと思わされました。

しばらくそんなかかわりを続けていると、G子さんのもともとの能力は決して低くはなく、教わったことはすぐに理解できること、ただ、あまり学校に来ていなかったり勉強の習慣がついていなかったりするため、習っていないことだけでなく、本来できるはずのことも自信がなくなったり、できなくなったりしてしまっているのだということが分かりました。

そんな学習支援を何回か重ねたある日のことでした。問題を一つ解き終わったG子さんが、おもむろに、「先生……？」と尋ねてきたのです。

「どうした？」

「先生、あのね……」

「うん」

「あのね、うちの、お母さんがね……」

「うん」

「夜にね、家の中を霊が通るって、言うときがあるの」

シングルマザーのお母さんは、どうやら人生への不安や怖れが相当に強い方で、そんなことをしばしばG子さんに話していたようです。G子さんには、お母さんのことが心配で学校を休みがちになったという側面もあるようでした。

「そうなんだね」
「お母さんのこと、心配だったでしょう」
「はい、（涙ぐむ）」
「G子さんも、ちょっと怖かった……ね」
「うん（涙ぐむ）」

そんなやりとりがあってからというもの、G子さんはいろいろな相談を持ちかけてくれるようになり、学力も右肩上がりで伸びていきました。その様子を意気に感じた教科の先生方が、もう私では限界のある勉強を教えてくれるようになりました。

そんなG子さんは、卒業前にはクラスにも入れるようになり、仲の良い数人の友達と同じ高校に進学しました。

私たちは、悩みや困難を抱える人たちに、誰かに相談することや助けを求めることを勧めます。でも、自分を卑下したり、自分を強く否定してしまっているときに、悩みや苦しみを人に話したり相談したりすることは、実は簡単ではないのです。

人は、自分は価値があるんだという実感を少しでも持てて初めて、誰かに相談してみよう、助けを求めてみようという気になれるのです。その意味でも、私たちは心理相談とかカウンセリングとかにこだわらず、今ここで、その人に一番必要なものは何か、役に立ちそうなことは何かということを、いつも考えていることが大切なのだと思います。

▼H子さんのケース

Eくんや G子さんの通ってきていた相談室には、そのほかにも数人の生徒が入れ替わり立ち替わりしながらも共に過ごしていました。私は、不登校の子が学校に来るようになることが、必ずしも「善いこと」だとは思っていませんし、率直なところ、学校での勉強が将来のためになくてはならないものだとも思いません。でも、学校生活の時期は限られており、良くも悪くもそれをとりあえず体験してみてもいいんじゃないか、勉強もちょっとはやってみてもいいんじゃないか、そのうえで、「居場所」や「仲間」ができればなおいいんじゃないか、と思っています。ですから、カウンセラーとしては、積極的に学校や相談室に来ることを誘ったり勧めたりするほうだと思います。

中学1年になったばかりのH子さんは、小4の頃からずっと不登校が続いており、中学入学後早々に教育相談部の先生から、とにかくまずはH子さんとつながってほしいと頼まれました。そこで、週一回、自宅を訪問しては、ちょっと顔を見て帰ってくることを繰り返しているうちに、好きなアイドルグループの話をしてくれたり、ゲームを攻略する方法を教えてくれたり、細々とメールのやりとりが続いている別の不登校の友達I子さんの話をしてくれるようになりました。

さらには、お母さんが何度も離婚や再婚を繰り返し、今でもときに素性の分からない男性が家にしばらく泊っていくことがあることや、お母さんが精神的に参ってしまうことも多く、そんなときは付き添って病院に行ったり、買い物や公的扶助に関する手続きなどを母に代わってすることもあったりするなど、家庭の事情なども話してくれるようになりました。その頃から私は、学校の相談室のこと、そこに来ている仲間たちのことなどをことあるごとにH子さんに話し、「I子さんと一緒に相談室に来てみなよ」と登校を積極的に誘うようになりました。

そうして例の「スパイ大作戦（女子バージョン）」で、相談室に来られるようになってからというもの、しばらく疎遠だった勉強に興味を持ち始めました。もともとH子さんは好奇心が強く、離別したお父さんに、「どうして雨は降るの？」とか、「どうして何もないところから木が生えて、実がなるの？」などと尋ねては、よく困らせていたそうです。H子さんは、今も森林や自然保護に関心があり、家にいるときも関連するテレビ番組をよく見ているのだそうです。

「それだったら、とにかくそれに関係する言葉をまずは、いっぱいいっぱい覚えていくといいよ」「知ってる言葉がたくさんたくさん集まると、もう、その世界の専門家だよ」と伝えると、

H子さん自ら、スマホやインターネットで多くの関連情報を調べ、図書館から図鑑や本を借りてきて、ノートに多くの関連用語やその意味、それらのつながりや関係のしかたなどを一つひとつ書き留めていくようになりました。

当初は、お母さんから学校に、「急用があるのでH子を家に帰してほしい」という電話がたびたび入ったりしましたが、それに後ろ髪を引かれながらも、H子さんは森林の成り立ちや保全に関連する事柄にどんどん詳しくなっていきました。また、それに比例するように、お母さんのありようを客観的に見られるようになっていき、近い将来の自立を考え始めるようになりました。卒業後は、奨学金をもらいながら高校に通っています。

▼J子さんのケース

「居場所」を大切にする支援によって、自分らしさを取り戻していった子どもたちのお話をしてきましたが、そこに来て友達ができたとか、勉強ができるようになったとか、進学できたとか、そんな目に見える成果だけでは計れないところにこそ、実はその本来の価値があるのではないかと思わされることがありました。

J子さんは中2で転校してきた当初からクラスになじめず、ずっと相談室登校を続けている女の子です。ある新興宗教の影響で、父があまり家族を顧みないようになってしまってからというもの、家庭内別居のようになってしまった両親のもとで暮らしてきましたが、中学に入って間もない頃、お母さんが病気で亡くなってしまいました。

以来、父との二人暮らしになったJ子さんは、家事を一手に引き受け、父の独断で転校も余儀なくされました。でも、J子さんはそんな人生の理不尽さに愚痴一つ言わず、さまざまな想いを抱えながらも、それらに引きずられないようにして、淡々と「普通」の日々を過ごしている女の子でした。

J子さんの相談室での日常は、夕食の献立は何にしようとか、お弁当に何を入れようとか、前夜一人で見たテレビ番組のこととか、毎日の生活のとりとめもないようなことを話しているか、新聞や教科書などを机に開いたまま、特にそれらを読むわけでもなく、静かに時を過ごしている日々でした。進学には関心がなく、勉強や学校行事などにはほとんど気が乗らないようでした。

そんな様子を見て、私はJ子さんにとって何をするでもなく、穏やかに時が進んでいくこの空間を大切にしようと思いました。想像するに余りあるJ子さんの困難や苦悩を聞いてあげようなどとするよりも、J子さんの今のありようを見守りながら、さりげないケアを続けようと心に決めました。

J子さんは卒業までそのまま相談室で過ごし、最後の日も、いつも通り午前中を過ごしました。午後、下校時間になり自分の持ち物をまとめ終わると、相談員と私に向かって「本当にありがとうございました。先生たちのこと、この相談室のことは一生忘れません」と、深々と頭を下げ、微笑んだような表情で、おもむろに立ち去っていきました。私はそんなJ子さんの姿に、人生への向き合い方に、とても心を打たれました。

私たちの人生には、自分の責任ではないのに重荷を背負わざるをえないということがしばしば起こります。私たちはともすれば、それで誰かを責めたり、誰かを恨んだり、感情的に訴えたり、受けた傷や損失にひどくこだわったりしてしまいます。たとえそんな理不尽なことであったとしても、それで自分が報われるとか報われないとか関係なしに、それを抱えながら淡々と生きていくという姿勢や覚悟が大切であること、そして、そんなふうに生きることができる人間の尊さや強さを、私はＪ子さんから教えられました。

この本でも再三お話ししている複雑な家庭の子どもたちは、例外なくそんな重荷を背負っています。だからといって、子どもたちは親が悪いとか、学校や社会が悪いとか、訴えたり主張したりすることはまずありません。

もちろん、それがそのままでいいと思っているわけではないのですが、誰かの責任を執拗に追及し、何でも強く主張して白黒つけたがる昨今の風潮を思うと、人生には自分のせいではなくとも嫌なこと苦しいことが起こるもので、それを引き受けていかなくてはならないことが往々にしてあるのだということを、私たちはもっと自覚したほうがいいのではないかと思います。

そして、重荷を抱えながらも「平凡」な営みの中に生を実感し、「普通」の日々を淡々と過ごしている、そんな人たちから「幸せに生きる」とはどういうことかについて、とても大切なことを学べるのではないかと思います。

第Ⅲ部

親子がともに幸せに生きるためのヒント

第Ⅰ部、第Ⅱ部では、主に子どもたちや家族の抱える苦しみや悲しみについて触れ、そこからの回復や癒し、支援のありかたなどについても、具体的な例を踏まえながらお話ししてきました。

そのこととも関係がありますが、第Ⅲ部では、心理カウンセラーとして多くの子どもたちや家族とお会いし、そこから学んだこと、考えさせられたことなどを踏まえて、私たちが幸せに生きられないのはどうしてなのか、そして、子どもたちや私たちが現代において幸せに生きていくために大切なことについて、改めてお話ししてみようと思います。

ただ、これからお話しすることは、必ずしもすべての人にとって役立つものかどうかはわかりません。とりわけ、これまで比較的幸せに生きてきたという人にとっては特にそうかもしれません。でも、これまで自分は幸せではないなという感じを長いこと抱いてきた人には、きっと意味のある問題提起になるのではないかなと思います。

第5章 幸せに生きるためのヒント

～心理カウンセラーとしての経験から

▼幸せでないと感じている人が多い日本

さて、あなたが今あまり幸せを感じられないとしたら、あなたが幸せになるためには何が不足していますか？

お金ですか？　家ですか車ですか？　学歴や学力ですか？　容姿やスタイルの良さですか？　体力や健康ですか？　自分に合った仕事ですか？　もっと人に認められ知名度が上がることですか？　偉業を成し遂げることですか？　良好な家族関係や愛情ですか？

ここである一つの興味深いデータを紹介したいと思います。ノーベル経済学賞のダニエル・

カーネマンの研究によると、「感情的幸福」は、年収7万5000ドル（約900万円）までは収入に比例して増えますが、それを超えると収入の多さに関係しなくなるのです（セリグマン、2014）。この7万5000ドルというのは、2008年の米国の一世帯当たりの平均年収7万1500ドルをわずかに上回る程度です。つまり、収入が平均より少し高くなると、経済的豊かさと幸福度との関連はほとんどなくなるのです。

ご存じのように米国はGDPが世界一で、経済的に最も豊かな国です。『世界がもし100人の村だったら』（池田再話：ダグラス・ラミス対訳、2001）によれば、100人のうちのたった6人だけで村全体の約六割の富を握っていて、その6人はすべてアメリカ人でした。100人のうち25人は雨をしのげる住居を持てず、17人が清潔で安全な水を飲むことすら困難であることが示されています。

さらに、この50年間で米国のGDPは三倍に伸びており、その間、科学技術は絶え間ない進歩を遂げていますので、貧困はもちろん、病気や自然災害や戦争・テロなどによる不安や恐怖なども、はるかに減っています。にもかかわらず、米国人の幸福感はこの間、ほとんど横ばいで、逆に「うつ」に悩む人の数は10倍に膨れ上がり、不安障害も激増しています。

では、私たちの暮らす日本はどうでしょうか？　我が日本も、世界の中では差し迫った身の危険や餓死の怖れもなく、誰もが自由に暮らせるあこがれの平和で豊かな村であることは間違いないでしょう。

しかし、そんな日本に暮らす私たちの幸福感はとても低いのです。参考までに、国連の「世界幸福度報告書２０１９」によれば、日本は調査対象の１０４か国中、58位です（John et al., 2019）。

このデータでは、まだ、中位以下程度の幸福度にランクされていますが、日本はたいそうな自殺大国です。ピーク時には３万人を超え、現在は２万人くらいで推移していますが、それでも大変な数です。先進国Ｇ７の中では突出して１位ですし、東日本大震災であれだけの人が犠牲になりましたが、それでも約１万６０００人で、１年間の自殺者数にはるかに及びません。

これに驚いてはいけません。日本では年間の変死者数が約15万人に上り、その半数以上が自殺と推定されるという見方があります。さらに、一人の自殺者の裏には、その何倍もの自殺を考えている人がいるとも言われますから、こうなるともう極めて膨大な数になります。

とりわけ深刻なのが若年層の自殺です。厚生労働省の「令和元年版自殺対策白書」によれば、15歳から34歳以下の世代で、自殺による死者が最上位の先進国は日本だけです（厚生労働省、２０２０）。それは、第2位の事故による死者数の２・５倍にも上り、若年層の自殺率は90年代以降、常に上昇し続けています。

また、財団法人日本青少年研究所による「日米中韓の国際比較意識調査」によれば、日本の若い世代は、「自分には価値がある」「自分に満足している」という自己肯定感が他の国と比較して極端に低く、特に20歳代は、「生きていればいいことがある」と思える人の割合が、他のどの世代よりも低くなっています（日本経済新聞　２０１１）。

ひとことで言えば、我が国ではこんなにも多くの人たちが、とりわけ、多くの若い人たちが本気で死を考えるほどの不幸せな日々を送っているのです。日本はこんなに豊かで平和な国であるにもかかわらず、生きるのがつらくてしかたがない人たちが突出して多いのです。これは何かどこかおかしいはずです。

不幸せな人たちに共通すること

ここからは、カウンセラーの経験を踏まえての私見になりますが、そのような不幸せな人たちに明らかに共通することがあります。それは、今の自分や、自分の置かれた状況をとにかく嫌ってしまっているということです。今の自分のありようが受け入れられず、もっとこうだったら、ああだったら、という思いがとても強いのです。だからこそ、身近な恵みや豊かさにはほとんど目が向かなくなり、思い通りにならない自分や環境をますます悲観的に受け止めてしまい、悪循環的に、生きることや将来に希望をなくしてしまいます。

これには、あまり学歴とか社会的地位は関係がありません。その証拠に、日本では高学歴の人や社会的地位の高い人の自殺が少なくありません。せっかく一流とされる学校に進学しても、自分のことを受け容れられず、世をはかなんでしまう人が結構います。一部の超一流大学や医学部の自殺率が決して低くないことは、知る人ぞ知る話です。

つまり、どんなにいい大学やいい会社に入っても、どんなに有名になっても、どんなに偉業を成し遂げても、どんなにお金持ちになっても、どんなに容姿がすぐれていても、幸せになれるとは限らないのです。どの世界にも上には上がいますから、それと比較して今の自分に不満を抱いている限り、不幸せは永遠に続きます。

普通、私たちは、自分に不満を持ったり、自分が嫌になったときには、もっと努力したりがんばったりして、今の不十分な自分を変えようとします。自分が思うように変わりさえすれば、自分のことが受け入れられ、幸せになれると思い込んでいます。そして、親や先生たちからは、「努力」や「達成」が私たちの自尊心の源だと、直接的にも間接的にも教えられます。

でも実は、自分が今あまり幸せでないのは、成績が悪いからでも、運動が苦手だからでも、周りより劣っているからでも、努力やがんばりが足りないからでも、教育やしつけを十分に受けていないからでもないのです。

例えば、国立青少年教育振興機構「青少年の体験活動等に関する実態調査（平成26年度）」における自己肯定感の経年比較によれば、日本では子どもが小学校、中学校、高校と成長してゆくにつれて、自己肯定感や幸福感はどんどん低下していきます（国立青少年教育振興機構、２０１６）。本来、親のしつけも学校教育も、子どもたちが現代社会にうまく適応し、その中で幸せに生きてゆくための諸能力や対人関係上のスキルを獲得することを目指しています。しかも、子どもたちは大きくなるにつれ、自分でできることや、自由に楽しめることがはるかに増えていっているはずです。にもかかわらず、多くの子どもたちが自分をさいなむようになっていくのです。

つまり、しつけや教育や社会化の過程で、自分をさいなむことを学習してしまうのではないかと思います。「私たちは何かができるからこそ価値がある」とか、「人よりすぐれているから価値がある」とか、「努力してがんばって不十分な自分を変えていくことに価値がある」といった考えばかりを、どんどん強めていってしまうのです。そうして、今のありのままの自分に、ダメを出すことを習慣化させてしまうのです。

もちろん、自分の足りないところを自覚してがんばることや、努力して改善していくことも必要なことではあります。でも、子どもたちの、そして、私たちの幸せな人生のためには、限界やできないことがいろいろあっても、たとえうまくいかないことが多くても、今の自分を大切にできること、今の自分を嫌いにならないことのほうがはるかに大切なのです。もし、周囲と比較しての減点主義で、今の自分にダメ出しをすることが努力のモチベーションになってしまっていたとしたら、日々を生きることはひどく苦しいものになってしまいます。

考えてみれば、「自分なんかダメだ」「人より劣った人間なんだ」「この世にいちゃいけない存在なんだ」と思いながら生まれてくる人は誰一人としていません。私たちは生まれながらに自分を大切にし、愛される力を基本的に持っています。

赤ちゃんは何一つできないけれど、誰から教わることもなく、泣いたり笑ったりして、親や周囲のケアを自然に引き寄せます。幼い子どもたちは、客観的に見ればできないことは山ほどあるけれど、道端の草木、地面のでこぼこ、水溜り、鳥のさえずり、雨音、絨毯の肌触り、壁のしみ、などなど、今この瞬間の体験を掛け値なしに味わって、生への希望や楽観性を無条件に兼ね備えています。

そんなふうに「幸せ」をデフォルトとして生まれてくる私たちが、自分にダメ出しをして自分が嫌になってしまうのは、もっぱら後天的な学習によります。自分を愛せない、自分を大事に思えない、そして、自分を消滅させたいという思いは、自然発生的には起こりえないはずなのです。それは、とりもなおさず、私たちの価値や存在意義は生まれながらのものであり、決して成長の過程で努力して見つけていかなくてはならないものではない、ということだと思います。

そして、誰にも例外なく、今の自分のままで、目の前に何らかのかたちの幸せがあり、恵みがあり、希望があります。幸せに生きている人たちに共通することは、つらいことや苦しいことばかりでなく、身近な恵みや幸せにもしっかりと目が向き、気づいているということです。それは、今の自分を「まあいいな」と思え、「許せ」、「愛せる」こと、そして、周囲の人たちや環境を「まあいいな」と思え、「許せ」、「愛する」ことと、ほとんど同義です。そんな幸せに生きるための大原則を、今の学校教育はあまり教えてくれません。

だから、私たちはもう一度、立ち止まって考えてみる必要があると思います。我慢して、努力して、がんばって、今と違う「優れた」自分になろうとすることは、一概に良いことでしょうか？　それが、自分の好きなこととか、心躍ることとかなら、それでもちろんいいでしょう。ただ、将来の幸せのための手段にしかすぎないものに、「今」を犠牲にして我慢して長いことがんばり続ける、そのしっぺ返しが、現代人にとても多い心や身体の不調であり、無気力であり、さまざまなかたちのうつであり、死にたいという絶望感として示されているのではないかと思います。「今ここ」での喜びや充実感とは乖離した我慢や、他者との比較によるデジタル（数字）表示の「『有意義』な生産性」を求めた活動や生活を長く続けていると、うつや自殺に間違いなく近づくはずです。

そして、そんな「現実」に行き詰ったとき、ダメな自分になってしまったとき、私たちが、救われ、癒されるのは、「目的」や「生産性」とは違う次元の、おそらくくだらなくて、周囲からは評価されないけれど、自分らしさが瑞々しく込められている営みだと思います。もしかしたら、一日一日がくだらないことで充実して完結していた子ども時代のありように、そのヒントがあるかもしれません。あるいは、ひそやかに心躍る「オタク活動」かもしれません。いずれにせよ、他者との比較を基準とした生産性、合理性重視の世界観だけで生きていると、この世の中に逃げ場がなくなり、自分が自分によってどんどん追い込まれてしまいます。

心の不調や心の病に苦しむ人のほとんどは、成長の過程で学習したそんな柔軟性のない世界観、社会的価値観に沿って、将来の「安定」した「幸福人生」を確実にしようとする「努力」や「我慢」を重ねてきた人たちです。言いかえれば、将来の「不安」や「怖れ」への対処のために、持って生まれた資質や本来の自分らしさを、抑えたり曲げたりする努力を一生懸命にしてきた、あるいはさせられてきた人たちです。親も学校の先生も、子どもの幸せを望み、そして私たちも、この一度きりの人生の幸せ、楽しみのために必死で努力してがんばってきたはずなのに、本当に悲しいことだと思います。

▼幸せに生きるためのヒント

ですから、私たちが幸せに生きるためのヒントは、

①私たち一人ひとりが、本来持って生まれた資質や能力、可能性を、自分に合ったかたちで伸びやかにしてゆくこと

②そして、（どんな状況であっても）毎日のその瞬間その瞬間を大切にして味わおうとすること

であり、その姿勢自体が自分を大切にするという営みにほかなりません。これは、人と比較する必要がまったくないことですし、学歴や社会的地位が高いとか、スポーツや芸術で優秀な成績を収めたとか、知名度が高いだとかの「前提条件」が満たされなくても、誰もが可能で、誰もが享受できることでしょう。

私たちは、決して苦しむために生まれてきたのではありません。そして、能力の高低が人間としての価値や幸せを決めるのでもありません。「幸せ」は「条件」によるものではなく、日々、自分がどう思い、どう受け止め、そして、どう行動するかという「習慣」です。

だから、まずは自分の心配や不安や不機嫌を減らして、日々「幸せの習慣」を生きる覚悟さえ決めれば大丈夫です。苦境が長く続いている人も、事態は必ず好転するはずです。そして、子どもも家族も幸せになり、ひいては社会も世界もきっと幸せになるはずです。

以上の真実は、カウンセラーとして多くの方々とお会いして、それぞれの苦しみ、そして、そこからの回復のありようから学んだことです。私もかつては、そんな単純なことも分からずに、少なからずの人たちに迷惑をかけてきました。本当にごめんなさい。

それぞれの皆さんが自分らしい「幸せの習慣」に出会い、穏やかな日々を過ごしていることを心から祈ります。

第６章　子どもたちを幸せに育てるには

▼自分を大切にできるということ

これまでお話ししてきたように、「自分を自分で大切にできる」ことは、「幸せ」のための必要条件です。それは、私たちが生きていくうえでの最大の価値だと言ってもいいでしょう。ですから、もし自分の子どもが、生涯にわたって自分を大切にできるようになれば、それはもっとも良質の子育てであり、もっとも良質の教育です。

でも、今の世の中で、自分を大切にできる、というのはかなり難しいことです。もちろん、「子どもが自分を大切にできるようになる」子育てもしかりです。そもそも、自分を大切にできない人が、自分を大切にできるような子どもを育てる、ということはほとんど不可能です。

もっとも、物事がうまくいっているときの自分、人生が思うように進んでいるときの自分を好きになり、尊重するのはさほど難しいことではありません。親として、がんばって思うような成果を上げている子どもを好きになり、愛おしく想うのもたやすいことです。

でも、勉強にしても、スポーツにしても、習い事にしても、家族関係や人間関係にしても、仕事にしても、人生には思うようにならないことがたくさんあります。うまくいかないことが重なり、失敗や挫折を繰り返すと、私たちは苦しみ、自分をさいなみ、自分が嫌になり、自分を投げ出したいと思ってしまいます。つまり、自分を大切にできなくなってしまうのです。

本当に「自分を大切にする」ということは、そんなままならない自分、欠点や気に入らないところがいろいろある自分、苦しくて嫌な自分を、それでも「いいんだよ」と受け入れられるということです。いや、むしろ、そんな自分だからこそ、よりいっそう大切にしてあげようという「姿勢」や「行動」を示せることなのです。ただし、自分を自分で責めたり、嫌ってしまったりしているときほどその必要がありますから、口で言うほど簡単ではありません。だから、普段からの「練習」を意識して重ね、それを「習慣」として身につける必要があるのです。

子どもへの対応も一緒です。子どもが、いろいろなことがうまくいかなかったり、十分にできなかったりしたときこそ、かけがえのないわが子として慈しみ、そのうえで子どもの可能性と限界の両方を見据えていこうという「姿勢」と「行動」こそが、一番の親心です。その哀歓《あいかん》の過程で湧いてくる愛おしさや気がかりや静かな祈りが、本当の親子の絆だと思います。

▼自分が嫌になってしまうのはなぜ

さて、私たちが自分を嫌うようになるときには、必ず自分と人との「比較」が前提にあります。自分が他と比べてどちらがどれだけ「持っている」かということです。それは、単に物質的なものだけに限らず、成績や出身校とか、能力とか才能とか、顔立ちや体型とか、そのほか、社会や所属するコミュニティで良しとされるいくつかの基準に照らしての、「所有」の程度です。

社会は複数の人々の集まりを前提としていますから、そこでは、自分と他者との相対的な比較、つまり、優劣や損得が必然的に生じ、ほとんどの人が、できるならば「持てる人」になりたいと思います。親ももちろん、我が子の「幸せ」を想い、我が子にそれを強く望みます。学校教育も基本的にはその前提で動いています。

「学校教育って平等主義の上に成り立っているんじゃないの?」という人がいるかもしれません。確かに日本では、まず周囲と足並みをそろえることや、できるだけ子どもたちの能力や学力を均等に伸ばしてあげることなどが重視されているとは思います（この足並みをそろえる、というのが、また別の難しさなのですが，これにはあとで少し触れます）。

実際は、その隠れ蓑の陰で、能力や学力が高かったり、明るく元気な性格の「持てる者」が高く評価される二重構造のからくりがあります。だから、暗々裏に「比較」による優劣の感情を再生産してしまっているのです。「スクールカースト」なんてまさにその典型的な表れです。

良くも悪くも、現代の日本は学歴（その結果としての権力、経済力、職業、社会的地位など）を中心として、スポーツや芸術などの能力、容姿の良さなどのいくつかの領域に、絶対的といってもよいほどの高い価値が置かれています。それらにおいて、「人より劣ることが、すなわち不幸せ」という信念がとても強くなってしまい、あれこれ「不安」や「焦り」や「競争心」を募らせ、多くの人たちが、ひそかにがんばって人より抜きん出ようとするのです。

▼「できないこと」ではなく、「できない自分」を嫌ってしまうことが不幸せ

もちろん、生きていくうえで、努力や向上心が大切なときはあります。でも、いくら歯を食いしばって努力しても、自分の思ったレベルの半分にも届かないことはいくらでもあります。皆が必死で努力すれば東大に入れるわけではありませんし、プロスポーツ選手になれるわけでもありません。たとえ気に入らなくても、持って生まれた顔のつくりはなかなか変えられませんし、体型だってそう簡単ではありません。私たちにはそれぞれ向き不向きがあり、向いていないことは、どんなに努力したってせいぜい人並み程度、あるいは、人並みにもなれなかったりします。

そもそも、努力やがんばりが続く人とそうでもない人がいますし、人それぞれ努力できることと、そうでもないことがあります。つまり、私たちの能力や資質は、その意味で決して「平等」ではないのです。

にもかかわらず、「やればできる」とか「努力と忍耐で克服する」といった態度が、正しい人生への向き合い方だと信じ込んでしまうと、私たちは確実に追い詰められます。特に、持っ

て生まれた本来の資質、つまり向き不向きとはかけ離れた努力と忍耐を強いられるほど、心理的精神的に負担がかかることはありません。

実際、勉強が楽しくてワクワクするという子どもは、それほど多数派ではないと思います。そもそも、あまり興味も湧かず、よく分からない勉強を、毎日、長時間じっと座って聞いていたり、やったりすること自体、普通はなかなか耐え難いものです。でも、ほとんどの親や先生は、「我慢」と「努力」で、勉強を少しでもできるようにすることが善いのだと、疑いなく思っているのではないでしょうか。でも、そこには大きな「弊害」もあるのです。

小学2年生のKくんは、外を駆け回ったり、飛んだり跳ねたり、相撲や戦いごっこが好きな子どもですが、担任の先生からは、落ち着いて席に座っていられない、字が丁寧に書けないことなどを再三、指摘されていました。将来を案じた父は、Kくんに漢字や計算を何度も何度も練習させ、それでもうまくできないと、イライラと不機嫌になり、「そんなんじゃ、将来、どうするんだ」「ろくな仕事につけない」「字もまともに書けなければ、お前なんか生きててもしょうがないんじゃないか」と、叱咤激励する毎日でした。Kくんは、折りにふれ「僕なんか、死んじゃったほうがいいのかなあ」とつぶやくようになりました。

このような例のほかにも、最近は、勉強がそれほど好きでも得意でもないのに、小さい頃から連日、親が付きっ切りで勉強に取り組ませ、私立進学校の小学校や中学校に入学したものの、学校にうまく適応できなくなってしまっている子どもたちの相談がとても増えています。でも、相談に来るお父さんお母さんは、がんばって勉強すること自体が子どもの生気を殺いでしまっているという見方にはとうてい納得せず、むしろ、努力が足りないからそうなっているというところに固執してしまいがちです。このことは、学業面だけに限らず、スポーツや芸術などの領域でも同様です。

寒い冬の連夜の光景ですが、小学校3年生くらいの女の子が、冷たいアスファルトの上で側転の練習を繰り返していました。すぐ隣には母親が仁王立ちし、「なんできちんと手と足を伸ばさないの！」「なんで最後、姿勢が崩れるの！」と刺すような言葉を投げつけています。女の子は、ひどく母親にすまなそうな表情で、真っ赤になった手をこすり合わせながら、気を取り直して何度も何度も側転に取り組んでいました。

Kくんのお父さんも、このお母さんも、本来、優しさも常識もある普通の親で、子どもの将来を真剣に思っての親心が、このようなかたちになっているのでしょう。二人とも、日々の「努力」と「忍耐」こそが、子どもの将来の幸せにつながると、疑いもなく信じているのだと思います。その甲斐あって、この女の子は、将来、有名な体操選手になるかもしれません。でも、たとえそうであったとしても、ありのままの自分の素敵な魅力に気づかず、自分をさいなんでしまうようになってしまうかもしれません。

子どもたちや私たちがなかなか自分を大切にできないもう一つの大きな理由があります。先ほど少し触れましたが、日本に暮らす私たちには特に、「周囲と同じように振る舞う」とか、「場の空気や雰囲気に合わせて、その状況にふさわしい言動をする」とか、「相手や周囲を不快に思わせない」といった協調性というか同調性が、強く期待されています。ですから、親のしつけも学校教育も、子どもたちに他者の顔色をうかがったり、他者からの評価に敏感であったり、もっとできる人と比較して至らなさを自覚することを、ときに表立って、ときに暗暗裏に要求します。

「○○ちゃんを見てみなさい」とか、「○○に比べて……」などが口癖になっている親、あるいは、ほかの子どもとわが子を比較して、気を落としたり、不機嫌になってしまう親は、決して少なくないでしょう。また、嫌なことがあったときに声を上げて泣いたり、嬉しいときに我を忘れてはしゃいだりといった、子どもの素朴な感情表現を、「恥」とか「周囲にどう映るか」を気にするあまり、抑制しがちな親も少なくないように思います。

さらに、学校集団では、周囲への同調が苦手な子どもは大抵の場合、「問題児」とみなされがちです。良い意味でも悪い意味でもユニークな子どもは、同調圧力の強い集団では、いじめの標的になりやすくなります。そこには、異質なものを排除したいという想いに加え、同調圧力の中で生きづらさを感じている人が、ストレスや妬みのはけ口として、スケープゴートを必要とするというからくりも加わります。

小5のL子さんは、歌が大好きで大好きで、気がついたら授業中、鼻歌を口ずさんでいるような子どもでした。L子さんは、そのたびに先生に注意され、職員会議ではそのことが問題として取り挙げられました。合唱コンクールに向けての練習では、あまりにも大きな声を張り上げるので、「少しは周りのことを考えなさい」と幾度となく指摘を受けました。子どもたちも次第にL子さんを煙たがるようになり、その後、L子さんは徐々に元気と明るさをなくしていき、しまいには、学校を休みがちになってしまいました。

このように、周囲を気にして同じように振る舞わなければならないという同調圧力が強く作用する場では、自分らしく生き生きと伸びやかに振る舞うことが、否定的に評価されてしまうことも多くなります。子どもたちは、無我夢中ではしゃいだり、嬉々として叫んだり、悲しくて泣いたり、元気をなくして一人沈んでいたりといった喜怒哀楽を表現することはおろか、そんな自然な感情を持つこと自体が、なんだかいけないこと、うしろめたいものと思ってしまうようになっていきます。

いずれにせよ、ここで言いたいことは、私たちはそのような後付けの学習によって、周りと比較して今の自分の足りないところばかりを意識するようになり、持って生まれた命の伸びやかさを抑えつけ、ありのままの自分をさいなんでゆくようになってしまうことがとても多いということです。そして、そのベースには、この世を生きていくには、努力して「人並み以上の能力」を身に付けるとともに、周囲の目を気にしてありのままの自分を抑えて振る舞わないと

「不幸せ」になってしまう、という不安や怖れに彩られた一筋縄ではいかない世界観があります。

だから、将来の「リスク」を減らすために、「不幸せ」な人生を歩まないですむように、「不安」や「怖れ」を先取りして、子どもに減点法で至らないところ、不十分なところを指摘し、プレッシャーをかけるという教育システムが、知らず知らずのうちに力を持ってしまっています。それが家庭にも、学校にも、職場にも、そして、私たち一人ひとりの心の中にも蔓延しているのではないかと思います。このシステムでは、そもそも他者は評価や比較の基準で、自分の安心や幸せを脅かす存在という色合いが強くなりますから、周囲が信頼できなくなり、孤立した状況で、さらに気が抜けないという悪循環に陥ってしまいます。さりとて、そんな多くの人が頼りにしている「武器」も、単に勉強ができるとか、できないとかの話です。本来、しつけや教育は、子どもたちが、そして私たちが、幸せに生きてゆくためのものだったはずなのに、残念なことだと思います。

生きる喜びや楽しみ、この世の中への信頼や肯定が基盤になく、怖れや不安への対処がそのモチベーションになっている限り、どんなに努力して、「成功」を成し遂げても、心安らかな幸せにはつながりません。

逆に、そんな「自分を否定するエネルギー」が原動力となる緊張度の高い努力は、大抵の場合さらなるつらい結果を導いてしまいます。頭痛、腹痛、不眠、吐き気、下痢などの身体症状から始まって、しばしば、うつ、パニック、極端な気分の浮き沈み、強迫症状や食行動の異常、周囲が辟易するほどの依存や巻き込み、自傷や自殺念慮などの心性や症状を形づくります。さらには、そんなひどく苦しい感情や症状を持つこと自体に、自分が「特別な存在」であるというアイデンティティを据えてしまうことすら、珍しいことではありません。そんな「病的」といってもいい状況に陥ってしまうと、自分を大切にするということが、ひどく難しくなってしまいます。

ほとんどすべての「心病む人」は、不安や怖れへの対処のために、本来の自分らしさを、抑えたり曲げたりする努力を一生懸命にしてきた、あるいはさせられてきた人たちです。この一度きりの人生で、幸せになるために一生懸命努力してきたのに、それが逆に自分を苦しめてしまうなんて、なんだかとても悲しいことです。

豊かに生きるということ

私たちは、何かができるから存在意義があるのではありません。努力や向上意欲が掛け値なしに素晴らしいということでもありません。誰もが生まれながらに価値のある存在であり、小鳥が高らかにさえずり、トンボが自由に空を舞い、魚が勢いよく水面を跳ねるように、この世に受けた生を享受して楽しめばそれでいいのです。

自分をさいなんでしまう子どもたちや、自分のことが好きになれない人たちは、そんな本来の資質や命の伸びやかさを抑えつけるような不自然な我慢を積み重ねています。だから、それとは違う次元で、楽しいことや心躍ることを心置きなくやること、やらせてあげることが大切です。それは、一見、無駄だったり、役に立たないことだったりするかもしれません。でも、そうやって、命の伸びやかさを取り戻していくと、もっと自分を高めたい、もっと成長したいという想いやエネルギーが、今度は自分の本当の幸せのために力を貸してくれるのです。

もし、能力が高くないと、人より優れていないと、幸せになれないとしたら、人生はとても不条理なものになります。高学歴を望んでも、足を速くしようと思っても、どんなに綺麗になりたくても、人との比較を基準とする限り、中位や下位に甘んじる人のほうが圧倒的多数なのは自明の理です。とりわけ、さまざまな事情により長らく苦境にある人たちは、努力しようという意欲や希望すらなかなか持てなくなってしまいますから、その「幸せの基準」では大きなハンデを背負うことになります。それでも、私たちは毎日を生きていかなくてはなりません。そして、私たちは幸せに生きるために生まれてきたのです。

つまり、私たちにとっては、いかに「勝ち組」になるかということよりも、「うまくいかないこと」とか「思うようにいかないこと」とか、「失敗」や「挫折」に、いかに向き合い、いかに受け入れていくかということのほうが、はるかに大切なことなのです。だからこそ、無力感や劣等感や、ときに、羨みや妬みにさいなまれてしまう、そんな自分でも、いや、そんな自分だからこそ、自分を自分で受け入れよう、許そう、慈しもうと思えるようになりたいのです。うまくいかないことがたくさんある子どもを、だからこそ、愛おしく想い、大切にしてあげようと思えるようになりたいのです。それぞれが限界や不十分さを抱える私たち同士、だからこそ、尊重し合い配慮し合って暮らしていけるようになりたいのです。

それは、私たちの日々の少しの心がけと行動の積み重ねで実現可能なことです。

私たちは、ままならない自分や、ままならない環境を、受け入れて生きる能力と知恵を確かに持っています。

幸せとは「所有」の「量」ではなく、森羅万象と自分との関係性の中にあること。

私たちの日々、用いる言葉が、私たちの生きる現実を豊かにも貧しくもすること。

今ここの瞬間を大切にし、十分に味わい、とらわれや執着を少なくすることで、心は穏やかになりうること。

この世の中には世間の価値観とは独立して、美しいもの、素敵なものが山ほどあること。

どんな人も平等に、四季の草木や風や雲や星に抱かれていること。

だからこそ、将来を担う子どもたちを支えるためには、教育やカウンセリングなどの専門知識やスキルなどよりも、もっともっと大切なことがあります。

移りゆく森羅万象の中で、今この瞬間、この瞬間を大切に味わおうとする人。

放っておけば、つぎつぎと心に湧き上がってくる不安や怖れにとらわれすぎないで、この世の中の素晴らしさや、人間の営みの素敵なところを見ようとする人。

せっかく人間として生まれてきたのだから、自分の好きなこと、心躍るようなことを大切にして、幸せに生きようとする人。

この世は決して苦しむところではなくて、皆がそれぞれのやり方で、思い思いに楽しんでいいんだって思っている人。

できないことや弱点があってもお互いさまで、逆に、できないことや弱点が、その人の魅力や持ち味につながることを知っている人。

自分で何でもできるようになることを目指す必要はなく、苦手なことを助け合って補い合って生きてゆくことが、またさらなる人間の喜びや幸せにつながると信じている人。

そんな、喜びや幸せ、自分や他者への思いやりを体現するような「言葉」を、常に使おうと心がけている人。

そうした人との出会いが、多くの子どもたちの希望を紡いでいくのだと思います。自分を大切にできない私たちも、もしそうした人になることを目指しさえすれば、きっと、幸せの日々はおのずから近づいてくると思います。

第Ⅳ部

幸せに生きるためのカウンセリングの知恵

～あなたの苦しみが癒される方法が必ずある

第Ⅲ部でもお話ししましたが、この世の中には、毎日が楽しめない、いいことがない、元気が出ない、つらい、苦しい、先行きの希望が持てない、不幸せでいっそのこと死んでしまいたいという人たちが決して少なくありません。そんな重荷が軽くなって、毎日を自分らしく生き生きと送ることができたら、どんなに幸せなことでしょう。

また、第Ⅰ部、第Ⅱ部では、親や家族の生きる苦しみや不幸せが、そのまま子どもの苦しみや不幸せを導いてしまうことがとても多いことをお話ししてきました。でも、私たちがあまり幸せでない日々を送っているときに、子どもたちや他の人たちの幸せを願い、行動するというのは、普通はなかなかできることではありません。

ですから、とにもかくにも、私たち一人ひとりが自ら幸せになること自体が、私たちを救い、多くの子どもたちを救うことになるのです。さらには、そうなることで、家族や身近な人同士の仲たがいはもちろん、集団同士の対立や戦いさえも減らします。なぜならば、喧嘩や対立や戦争は例外なく、幸せを実感できない人たちの不安や怖れ、怒りや不機嫌といった感情から来ているからです。

どうして私たちは心苦しむのか、どうすれば心の苦しみは癒されるのか、どうすれば自分らしく生き生きと幸せな日々を過ごせるようになるのか。私自身も心の苦しみを抱えてきた一人として、その答えをずっと探し求めながら、カウンセリングや心理療法を学び、心理支援の専門家として、さまざまな困難を抱える方々とお会いしてきました。
以来、長い年月を経て、どうしたら私たちの苦しみが癒されるのか、どうしたら幸せに近づけるのかのヒントが、少しずつ見えてきたように感じています。まだまだ不充分なのは承知の上ですが、それでも、皆さんとそのヒントを共有することで、皆さんが苦悩から癒され、幸せな日々を取り戻すのに、少しでもお役に立つことがあるのではないかと思いました。

もちろん、それには、さまざまなカウンセリングや心理療法の考え方が支えになっています。カウンセリングや心理療法の理論は、私たちの苦悩が癒されるために考え出されたものです。ですから、もし「うまく」「適切に」活用されれば、私たちが幸せになるためにおおいに力を貸してくれます。今や、わが国でも従来の臨床心理士に加え、公認心理師という国家資格ができ、全国のほとんどの学校ではスクールカウンセラーが、子どもたちやその家族、ときに教職員の方々のメンタルヘルスの維持や回復に日々、活躍しています。また、病院や福祉関係の機関、民間の企業などにも、ますます心理カウンセリングの専門職が配置されるようになってきています。ですから、皆さんの中には、カウンセリングを受ければ、あるいは、その考え方を身に付ければ、きっと苦しみが癒され、幸せになれると思っている人も少なくないことでしょう。

また、最近はある種、「癒し」ブームのようなところもあり、幸せになるため、ストレスの少ない自分らしい毎日を過ごすための自己啓発書がベストセラーになったり、関連するセミナーや講演会が盛況だったりします。それらには、意識されているかどうかは別として、カウンセリングや心理療法の知見が取り入れられているものがほとんどです。

でも、ここで注意しなければならないことがあります。カウンセリングや心理学の知見は、決して万能ではないのです。それに、カウンセリングの種類や方法は千差万別で、その目指す「幸せのイメージ」や、そのための「癒しの方法」はそれぞれに異なっています。

ですので、その違いによって、同じ人の同じ悩みに対しても、まったく、逆のアドバイスになることも少なくないのです。例えば、心の中を深く内省してみることを幸せになる前提条件として重視する立場もあれば、逆に、繰り返しの内省を私たちを幸せから遠ざけるものとみなす立場もあります。また、どちらかというと社会のシステムや規範に沿うことを善しとする前提に立っているものもあれば、その逆のものもあります。

もう少し具体的にお話しすると、例えば、過去の傷つき体験を「トラウマ」とし、その悪影響を重く見る立場もありますし、「トラウマ」を否定したり重視しなかったりする立場もあります。もし、前者に沿って、「トラウマ」があると幸せに生きられないとか、それが癒されるまでには長い年月がかかるという確信を持ってしまったりすると、日々のさりげない幸せに目を向けることなく、一生を終えてしまうことになったりするかもしれません。一方、「トラウマ」とか、それに似たような心の傷を想定しない場合、わけもなく不安に駆られたり、ささいなことにひどく落ち込んでしまったりする今の自分のありようが、なかなか理解できないこともあります。

要は、どれが正しいとか、どれが誤りかではなく、今の自分に少しでも合ったものを見つける必要があるということです。今のあなたを助けてくれ、支えてくれるような考え方もあれば、今のあなたを幸せから遠ざけてしまうような考え方も、やはりあるのです。また、どちらかというと専門家の助けがあったほうがいいものと、一人でもできるようなスキルや方法もあります。さらには、ある考え方と別の考え方を組み合わせたり、いいとこどりをするといったことで、さらに皆さんの役に立つものになったりする場合もあります。

たとえ、ある考え方や方法を通じて、良くなったとか、治ったとか、悟りが開けたとか思ったり、実際にそれに近い有意義な体験を持てたとしても、その方法がその後ずっと効果的であるかというと、そうでもないことが普通です。私たちは、同じところを行きつ戻りつしているわけではなく、常に歩みを進めています。一度成功したからといって、その一つの理論や考え方にこだわることで、私たちの人生をかえって不自由にしてしまうということが往々にしてあるのです。つまり、人生のその時々で、今の自分になじむ考え方や方法を見つけていくことがとても大切で、それは、私たちが苦しみを越えて、あるいは苦しみを通じて幸せになるための秘訣です。

でも残念ながら、すべての心理支援の専門家がそのような考え方を共有しているとは言えません。専門家の中には、自分が重視するもの以外の考え方をあまり良しとしなかったり、あるいは、誰にでもできる日常の心がけのようなことがらは、あまり科学的ではないとして軽視してしまうような人もいないわけではありません。

例えば、「人に親切に」とか、「いつも笑顔で」とか、「良い言葉を口にする」「出来事の明るい面を見るようにする」「日常の恵みに感謝する」「あれこれ悩むよりとにかく行動してみる」などの、日常的な知恵や教えなどは、決して専門的とは言えないかもしれませんが、もしそれらを日常的に心がけていれば、私たちの心の安定や幸せに普遍的な効用がありあります。メンタルヘルスに関する自己啓発書がよく売れていますが、その多くがそのような普遍的な教えをそれぞれの言い方で伝えていますので、魅力がありますし、実際やってみれば役にも立ちます。

現実として、専門的な知識やカウンセリングだけでは深い心の苦しみは十分には晴れません。カウンセリングの考え方と、日常的な知恵や教えを、毎日の生活の中に組み込んで、習慣化してゆくこと、そして、自分の成長に応じてその習慣をマイナーチェンジしていくことが、幸せに生きる大きなかんどころなのです。

人々の幸せのために考え出された種々の専門的なカウンセリングの考え方や方法と、私たちが幸せになるための身近な心がけや知恵などを交えて、自分の幸せのために、今の自分のありように照らして、本当に役立つものを、それぞれの人が見つけたり、創り上げていったりすることがとても大切です。

どんな理論や知恵にしても、役に立つか立たないかは、皆さんが、「今ここ」を生き生きと生きられるようになり、自分を大切にできる感じが身に付くこと、そして、幸せのイメージや希望が持てるようになるかどうかが、決め手となります。それは、「頭」や「言葉」で分かるというよりも、どちらかというと心身で感じる安らぎや静けさの感覚です。そして、その雰囲気は自然と身近な人たちに伝わり、良い影響を及ぼします。

本書で、それぞれのカウンセリングの理論や考え方を分かりやすく踏まえながら、皆さんの幸せのために、どんなふうに役立つのかをお話しできればいいのですが、詳しくお話しすると、それだけで本数冊分が必要になってしまいますし、私がすべての専門的知識に通じているわけでもありません。そこで、ここでは、大まかに代表的なカウンセリング理論のそれぞれが持つ前提としての考え方と、それらがどんなタイプの人や悩みに役立ちやすいのかということを、私なりの視点から整理してみたいと思います。それぞれの理論や考え方は、心の苦しみがどんなことで起こり、それがどうすれば癒されるかという、いわば、人が幸せになるためのイメージや、道筋のモデルをそれぞれ各様に持っているのです。ですから、それをある程度知っていることが、皆さんが幸せに生きるためのヒントになり得ると思います。

その試みが、皆さんが自分や身近な人にとって、少しでも役立つような知恵を見つけてゆくための機会となればとても嬉しいです。また、既に専門家カウンセラーの支援を受けている方、あるいは、受けようと考えている方にとって、自分のカウンセラーがどんな考え方や幸せのイメージを前提として支援をしようとしているのか、それが、自分にとって合うのか合わないのかを、大まかにでも判断する参考になるのではないかと思います。

ここで説明するのは、ごくごく基本的なことで、しかも、私なりの切り取り方ですから、限界があります。それぞれの考え方について、さらに詳しく、深く知りたいと思った方は、関連する本を読んでみたり、関連する講座を受けてみたりして、是非、学びを深めていってみてください。一部の例外は除いて読みやすさを基本に、文中あるいは本書の最後に参考文献も挙げています。

第７章 無意識の働きを想定し、過去と今の苦しみとの関係を理解する

〜精神分析的な考え方を参考に

▼心の中でうごめくエネルギー

「精神分析」と称されるフロイトが考え出した心の苦しみのとらえ方やその治療の仕方は、現代の多くのカウンセリングや心理療法の礎になっています。

なかでも、自分の心の中に、いわゆる無意識とか潜在意識といった自分では気づきにくい力が存在するのだということ、そして、それらはいわば、「ダークフォース」的なエネルギーで、私たちの人生に、少なからずの「影響」を及ぼしているという考え方は、私たちの心の苦悩のからくりを理解し、そこから自由になるためにとても役立つものです。

私たちには、つらかった出来事や傷ついた感情、怖かった体験、ひどく心細かった思いなど

を、いわゆる意識から追いやって、潜在意識下に溜め込んでしまうという習性があります。嫌なことやつらいことは見ないように、感じないようにする心の動きです。

溜め込まれた記憶は、だからといってなくなってしまったわけではありませんので、ことあるごとに私たちを苦しめることにもなります。例えば、漠然とした不安や心配がなかなか晴れることがなかったり、日々の生活に意欲や希望が持てなかったり、あるいは、対人関係や家族関係で同じような苦しみが繰り返されたりといったことが起こり得ます。つまり、過去の嫌な想いや体験が、現在の日常生活のさまざまな場面でいろいろな「悪さ」をしてくるというわけです。ですから、人によって、状況によって、そのことへの気づきがないと、なかなか幸せには生きられない場合があります。

その内なる力の正体を、もう少しわかりやすくお話ししてみようと思います。

まず、過去の苦しみの体験です。親からの虐待とか、いじめとかはもちろん、そのほか、深く傷ついた体験、精神的な苦痛や怖さ、強い悲しみや嫌な思いなどです。私たちは、そんな直面すると心が萎えてしまいそうに感じる体験を、心の奥底にしまいこむことで、なんとか折り合いをつけて幸せに生きていこうとする性質を持っています。

それらは、時の経過につれ自然と癒されていく、つまりそれほどの影響力を持たなくなっていくことも多いのですが、そうではなく、いわゆる「トラウマ」と呼ばれるような体験記憶として心の中に長く居座ってしまうと、知らず知らずのうちに、見るもの、聞くもの、経験するものに、そのフィルターがかかってしまい、今の現実をありのままに素朴に体験することが難しくなります。そればかりか、何かに過敏に反応させたり、逆に鈍感にさせたり、必要以上に怒らせたり、脅えさせたり、不安や怖さを思わせるような場面や行動を避けさせたりしてくるのです。

また、本来の自分の欲望とか、伸び伸びと自由に振る舞いたいといった想いを、「悪いもの」として抑えつけようと圧力をかけてくる「分身」も心の中にいます。その「分身」は、親のしつけや社会の価値観などとともに自分の中で育ってきたもので、誰にでもあるものなのですが、往々にして、子どもの頃の苦しい体験が多ければ多い人ほど、この「分身」が大きくなってしまう傾向にあります。ですから、よりいっそう、本来の自分らしさや伸びやかさが抑え込まれ、自分に自分が追い詰められてしまうのです。

いずれ、私たちはそのような苦しみや人生のままならなさで心がいっぱいになると、日常の些細な不都合や不快さえも、ひどく耐え難いものになってきます。だから、とにもかくにも、嫌なこと、やっかいなことを感じないようにしたり、そんな場面をことごとく避けようと、振る舞うようになったりすることがあります。うつや不登校、ひきこもりが長引く人の中には、そんな人が少なくありません。

自分の心の中の嫌なことや怖いことを、他の人や自分以外の何かのせいだと思い込んだり、八つ当たりをしてしまうようなこともよく起こります。また、イライラしているのは自分なのに、あたかも心の写し鏡のように、近くの相手が「不機嫌で怒っている」と責めてしまう場合もあれば、もっとひどくなると、妄想的な話を自ら作ってそれを信じ込んだり、それに基づいて極端な行動をしてしまうということもあったりします。人によっては、他の人への暴力や暴言が習慣のようになってしまうこともあります。

そのほか、自分の体が欲する以上に、たくさん食べたり飲んだりして、心の中の苦しみを麻痺させようとすることもありますし、薬物や異性、ゲームやそのほかの何かに没頭して、嫌な気分を和らげようとすることもあります。

実は、それらはすべて、心の中の怖さや不安、収まりの悪さをなんとかしようというその人なりのがんばり、つまり、今の苦痛や不幸せから自分を守ろうとする心の働きなのです。でも、やっている最中は楽になることも多いのですが、それが根本的な解決や癒しに結びつくかというとそうではなく、周囲との関係をさらに悪化させてしまいます。ですから、長期的に見て、苦しみや不幸感が増していってしまうことが多いのです。そして、その一連のプロセスはパターン化して、なかなか自分には見えにくく、変えにくくなってしまいます。

つまり、本来、心の安らぎと幸せに近づこうとする努力が、その思惑とは逆に、自分をさらに苦しめる方向に進んでいってしまうのです。一般に心の不調や病気といわれるものの中には、このようなからくりで成り立っているものが多いのです。ですから、精神分析的な考え方においては、そんな「悪さ」を働いている「ダークフォース」の正体と、そのからくりを見破ることが大切とされています。一つのヒントとして、「ダークフォース」は何度も同じようなパターンの「悪さ」を働いてきますから、そこがねらい目でもあります。いったん、その「正体」を見抜けば、おのずからその影響が減ってきて、今度は、それとは違う新たな体験や対処のパターンを増やしていける、それが一つの「癒し」への道です。同じようなパターンの人生上の苦しみや、うまくいかない人間関係が繰り返されたり、続いたりしていれば、それは、自分の心の中の「ダークフォース」の正体に気づいて、自分が変われる、そして幸せに近づけるチャンスでもあるわけです。

これまでは話を分かりやすくするために、「悪さ」とか「ダークフォース」などというたとえを使ってきましたが、その実態は、さまざまな不幸せな事情と、その事情を抱えて生きていくための自分の奮闘努力の「フォース」、「エネルギー」です。実は、その「エネルギー」は、かえって遠ざかってしまった自分らしい自分を取り戻すための「エネルギー」にも変じ得るのです。そもそも、それらが今の自分を苦しめているように見えたのも、これまでの苦難の経験から身に付けた方法を生かして、少しでも今の苦しみを減らせるようにというものだったのですから。

そのための一つの手段として、過去の苦しみへの対処ゆえに、逆に今の自分の幸せを妨げてしまっているような心のからくりを知り、違うパターンの、より役立つ方法を考案するというのが、精神分析的な考え方を踏まえた幸せに近づく方法だということです。

でも、だからといってこれが、いつでも、誰にとっても、役に立つということではありません。まず、この方法は、心の苦しみが続いたときに、自分で自分の内面を見つめ、あれこれ考えたり、内省したりするのが得意な人が惹かれる考え方です。特に、今の自分の苦しさや不幸せをよく見てみて、なんだか過去の出来事が、とりわけ親との関係などが、それにかなり影響していそうだと思ったら、この考え方がわりと役に立つかもしれません。

あるいは、対人関係上の嫌なことであっても、それに再三、過剰に反応してしまうとか、強い苦しみが長いこと続いてしまうとかなら、この考え方を試してみる価値があると思います。特に、同じパターンの苦しみや困難が、相手を変え、場所を変え、繰り返し起こるような場合には、それがどうして起こるか、どう打開できるのかのヒントが得られる可能性が高いでしょう。

これは自分の「意識」というか「自我」とか呼ばれたりする、自分の理性的な部分を使ってやる作業です。ただし、私たちの中には、本来、そもそも嫌なこと、苦しいことは見るのも聞くのも嫌という「分身」もいますから、これはなかなか難しい作業なのです。だから、その「分身」と敵対するのではなく、思いやりながら、でも、今起こっている嫌なこと、苦しいことをしっかり見て、冷静に対応しようとする「わたし」を育てる必要があります。ですから、この方法で幸せになるには、このような共感的かつ冷静な観点を兼ね備える専門のカウンセラーが伴走してくれることや、年単位の比較的長い時間が必要と言われることが多いのです。

仮に、皆さんがカウンセリングを受けようと思い、そのカウンセラーが精神分析的な考え方を重視する人だったら、おおむね以上のようなことが前提となります。ですから、受ける側も、それなりの覚悟が必要になりますので、そのあたりをカウンセラーに確認して、よく説明してもらってください。日本には、この考え方でカウンセリングを行っている人は少なくはないのですが、そのやり方や目標、そのための期間や目指す幸せのイメージなどに関する説明や同意の手続きを、すべてのカウンセラーが重視しているとはいいがたいところがあります。なんとなくカウンセリングを受けて、知らず知らずのうちに、この方法に進んでいた、進まされていた、それが長年続いていたというのは、あまりいい結果にならないことのほうが多いと思います。

▼過去の苦しみに自分で対応する

さりとて、過去のつらい体験が今の自分に「影響」を及ぼし、それが絡み合って現在の不幸せをかたち作っているという考え方に基づいて、そのからくりを自分で探求して幸せな人生に近づくこともできなくはありません。実際、世の中には、そのような考え方に根差したセルフヘルプの本や自己啓発書、自己啓発セミナーの類もたくさんあります。

そのテーマとしては、思えば親から愛されなかった、何かにつけ否定されてきた、だから、今の自分に自信がなく、自分を受け入れられない、自分を愛せない。そればかりか、他者もなかなか信頼することができず、対人関係も苦しいなどといったストーリーが一般的かと思います。理由はともあれ、自分の中に「傷ついた子ども」や「傷つけられた人格」がいて、その存在が、今の対人関係、夫婦関係、家族関係などに悪影響を及ぼしている、今の不幸せにつながっている。それに、仮に「トラウマ」とかという名前を付けるとなんだか収まりがいい感じがする。そう思うと、自分の今の苦境や不幸を成り立たせている一つの理由やストーリーが見えてくる。それが見えたからこそ、何とかなるんじゃないかと希望や救いのようなものが湧いてくる。そんな心の中のプロセスが、この考え方に助けられる人に共通する典型的なものです。

そのような場合、例えば、自己啓発書や啓発セミナー等では、自分を傷つけた（と思われる）相手や状況などに対抗するような思いや感情を抑えることなく表現し、そして、傷ついた心の中の「子ども」を癒す行動といった両方がセットになっていることが多いようです。確かに、意識下に溜め込んできた過去の苦しみに触れ、その想いや感情をできるだけ表出することは、「カタルシス」として有力な癒しの方法です。その段階を経ることで、今度は自分の中のイメージとしての「傷ついた子ども」に向き合え、イメージを通してその子をケアできるという考え方です。

ただし、いくつか気をつけなければならないことがあります。その考え方や方法で、今の苦しみがうまく理解でき、過去が癒されるという場合もありますが、「トラウマ」と称されるものに向き合うことで、逆に現実生活が脅かされてしまうということがないわけではありません。誰かとのカウンセリングにせよ、啓発的なセミナーにせよ、セルフヘルプにせよ、このあたりの自覚が薄いと、自分を守るために閉じていた心の蓋を無防備に開けるだけになり、曲がりなりにも収めてきた苦しみや怒りなどの混沌とした感情があふれてしまい、簡単には収拾がつかなくなることがあります。

特に専門家のかかわりが不在の場合には、そこに俯瞰的な視点から冷静に自分のことを見守り続ける「もう一つの目」が育つこと、存在していること、がとても大切です。ですから、そのような「もう一つの目」を育て、保つ方法を合わせて練習したほうがいいのです。なお、そのためのヒントは、以降の章で触れています。

次に、「自分の今の不幸は過去のトラウマのせい」という「ストーリー（物語）」は、それがどの程度「真実か」にかかわらず、自分や他者に対して強い説明力があります。そのためいったんは、その「言葉」のもつ収束力により、事態が収まったかの如く心が楽になります。ただ、それだけに、その「言葉」や「ストーリー（物語）」にこだわり続けてしまい、「過去の傷」や「被害感情」を主役に据えて、その後の人生を生きていってしまうということが、とてもよく起こります。

典型的なのは、「トラウマ」に責任があると「みなした」相手を、特に「親」や「配偶者」などの場合が多いのですが、際限なく恨み続け、肝心の自分の人生を自分で生きていくということをおろそかにしてしまうというパターンです。実際は「トラウマ」と言われているものの多くは、さまざまな要因が複雑に絡んでいて、何がその原因かは断定できないことのほうが多いのです。また、自分の人生にたとえ何があろうと、自分で責任を持って生きていく姿勢がない限り、私たちは決して幸せにはなれません。

ときに、心理支援の専門家さえもが、クライエントの「物語」の説得力に巻き込まれてしまい、冷静で俯瞰的な「わたし」を支える位置に立てなくなってしまうことすらあります。そうなると、「弱い人」、「被害者」、「不幸な人生」といったクライエントのアイデンティティを強化してしまい、カウンセリングや心理療法を長く続けても、肝心のクライエントの幸せ感が高まらないということが起こります。

また、この方法は、どうしてこんなに心苦しいのか、どうしてこんなに不幸なのかの原因を考えて明確にすることを重視します。つまり、頭であれやこれや考えて、言いかえれば「言葉」を駆使して、なんとか自分の「不幸せ」に収まりの良い説明を作り出そうとする方法です。しかし、実は、その説明を作り出そうとすることこそが、事態をさらに複雑化させてしまう。つまり、「言葉」が独り歩きして「物語」を作り上げ、しかも、それを頭の中で反芻し、どんどん苦しみの実像からかけ離れていってしまい、結果的に「不幸せ」を余計こじらせてしまう、ということがとてもよく起こるのです。

幸せになるためには、自分の苦しみの実像を、できるだけありのままに見てあげることが必要です。そのうえで、不幸の原因の「物語」をこしらえるだけでは不十分で、現実の具体的な行動や人生に対する態度を柔軟に変えていく必要があります。その一つの方法として、あれこれ複雑に考えるのをいったん棚上げして、シンプルにできる行動から変えてみるということも大切だったりするのです。

たとえ不幸せの原因がよく分からなくても、ともかく行動を変えてみれば、苦境が和らぎ、幸せに向けて歩みを進められるケースは決して少なくありません。このあたりのヒントは、後に述べる認知行動療法などの考え方が役に立ちます。そうして、一歩道を踏み出してみて、その体験を踏まえてまた考えてみる。そして、またシンプルに行動してみるという繰り返しが、幸せに生きている人の多くに共通する姿勢のようです。

▼過去の苦しみに手を差し伸べる

最後にもう一つ、私たちが幸せに生きていくために欠かせないことがあります。それは、自分で自分を癒せるようになることです。自分で自分をケアできること、自分で自分を大切にできることは、幸せに生きていくためには不可欠な能力です。私たちは、他の人が自分を癒してくれたり、ケアしてくれたりすることを求め続けている限り、なかなか幸せにはなれません。そして、どんなに人からうらやまれるような境遇や地位にあっても、自分で自分を大切にできず、自分を損ねてしまう人は不幸せです。

自分で自分を大切にする、自分で自分を癒すことは、日々の練習と習慣により誰もができるようになります。多くの自己啓発書が、それらのことをテーマにいろいろな方法を教えてくれています。また、カウンセリングの領域でも、例えば、自分で自分を思いやるためのコンパッション・セラピーと呼ばれる方法などがあり、これなどもおおいに役立ちます。この章の主要なテーマ「過去の傷つきを癒す」ということに沿って、自分で自分を思いやる方法について、ここで少し触れておきましょう。

簡単に言うと、傷ついていたり、苦しんだり、不安だったり、脅えたりしている過去（子どもの頃）の自分に、今の私が優しく寄り添ってあげ、共感してあげ、その痛みや苦しさを分かち合ってあげ、手を差し伸べてあげるのです。

例えば、イメージの中の小さい自分に、「大変だね。つらいよね。淋しかったね。よく一人で耐えてきたね。大丈夫だよ」などと声をかけてあげて、頭をなでてあげたり、手をつないであげたり、抱きしめてあげたりしてみるのです。仮にもしどこかで、小さな子どもがひとりぼっちで泣いていたり、何かに脅えて怖がっていたりするのを見たら、きっと、あなたはその子に寄り添い、そうしてあげるでしょう。

人によっては、場合によっては、今の自分がその立場に立つのが難しいと感じるときもあるでしょう。それでも、いくつかできる方法があります。例えば、今の苦しい自分が、何かを怖がっていたり不安で脅えていたりする一人ぼっちの小さい自分の手をつないであげている。そして、もっとおおいなる存在が、その二人を一緒に抱えてくれているイメージなどが、助けになるかもしれません。傷ついた小さい自分を、何とか助けようとがんばってきて疲れ果てている自分をも、例えば、神さまとか観音さまとかマリアさまとか、暖かい光とか、天国の安らぎとか、お月さまとか、宇宙の深淵とか、何か超越した存在が見守ってくれていて、支えてくれているイメージです。

それが毎回、毎回できなくても構いません。それでも、そんなことを意識していると、だんだんと自然にそれができるようになってきて、ときに、心の奥深いところから涙が溢れてきたり、静けさの中で、かけがえのない自分への愛おしさや、ほかでもない自分らしさとの出会いが訪れたりすることがあります。そんな瞬間は、きっと生涯にわたって自分を支えてくれるでしょう。

小さい頃から、つらいことが多かった人ほど、自分で自分が癒せるということになかなか気づけませんし、信じられません。でも、そうしようと決意し、あきらめさえしなければ、自分で自分を癒すということができるのです。というよりも、私たちは皆、根本的には自分のことは自分でしか癒せないのです。身近な誰かやカウンセラーは、それを単に見守ったり、手助けしてくれたりするだけのことです。

ですから、あなたがカウンセラーに頼らないと不安で怖くてしかたがないという感じが長く続き、幸せを取り戻すのに何年もかかりそうだという気持ちが常に強かったら、あまり、そのカウンセラーとの相性は良くないと思います。

もし、あなたが本当に良いカウンセラーに出会えると、あなたが自分で自分を癒やせるようになる歩みをしっかりサポートしてくれるはずです。そして、過去の「心の傷」や意識できないような心のからくりを、対話や言葉を通じて、しっかりと探るような方法をメインにしたほうがいいのか、それとも別のアプローチをメインにしたほうがいいのかを、あなたの意見や希望や不安や心配も聞き入れながら、共に考えてくれる安心感や信頼感があると思います。

そもそもカウンセリングを受けようと思ったのも、あなたが幸せになりたいからのはずです。だから、カウンセリングに通うことや「トラウマ」の克服だけで一生を費やしてしまうのは、もったいないことです。二度と思い出したくないような出来事も、深い苦しみを負った過去も、自分の人生に起きた大切な体験です。「心の傷」と、そのためにあなたがかけてきたエネルギーは、人生の重苦しいつらさである一方で、自分の人生を見つめ、生きがいを見出し、自分の夢やキャリアを選び取っていく原動力でもあります。私たちは、過去の出来事に翻弄され不幸なままで終わる存在ではありません。つらく理不尽な出来事を体験したとしても、そこに意義を見出し、自分の人生をさらに豊かにできる力を私たちは持っています。そのためにも自分で自分を癒せるようになり、自分を慈しんで、「今ここ」の時間を大切に生きていけるようになりたいのです。

第８章 あるがままの自分を生きていくことで人は幸せになれる

～人間中心療法の考え方を参考に

あるがままの自分を受け入れる

私たちが心穏やかに幸せに生きてゆくために欠かせないのは、今のあるがままの自分を、自分自身が受け入れ尊重できることです。

私たちは誰もが、理想的な自分を生きているわけではなく、不充分な側面を多く抱えていいます。そして、もし、もっと容姿や体形が優れていたら幸せなのにとか、もっといい学校やいい仕事に就けたらとか、もっと明るく社交的な性格だったらなどと思いがちです。

だから、多くの人はがんばって努力して自分を変えよう、もっと自分を良くしようと思います。しかし、その考えが逆に自分を追い詰めてしまい、かえって幸せを遠ざけてしまっている人がとても多いのです。なかには、自分の変わらなさにやる気を失い、毎日を鬱うつと過ごしている人もいます。

でも実は、自分を受け入れ、自分を大切にできるためには、今より優れた自分である必要はまったくないのです。「あるがまま」の自分を認めて、それを受け入れればいいのですから、前提条件はいらないのです。たとえ、人と比べてどんなに劣ったところがあっても、自分の今のありようを受け入れ、「今」のひとときひとときを大切に生きようとする人は、幸せな人生を生きている人です。

そのことがある程度、実感として分かり、それが習慣になれば、私たちはたとえどんな境遇にあっても、自分の幸せの道を歩んでいくことができるでしょう。一方で、どんなに人がうらやむような地位や境遇にあっても、もっと優れた人や恵まれた人と比較して、自分をさいなんでしまうような人もいます。どんなにがんばって自分を高めたとしても、今の自分を受け入れることができなければ、結局は心穏やかに暮らしていくことはできません。

人間中心療法を創始し、カウンセリングの父とも称されるロジャーズは、私たちがあるがままの自分を認めて、ありのままの体験や感情を受け入れられるようになることが幸せへの道と考えました。それは、私たちは何かができるから、何かをしている（doing）から価値があるという条件付きの肯定ではなく、ただ、あるがままの自分として存在する（being）ことにこそ価値があるということです。言いかえれば、私たちが今の自分を嫌わず、自分の感情や体験を信頼して、大切にできるようになれば、幸せに近づけるということです。ただし、それはそう簡単なことではありません。だから、数多くの人が思い悩んだり苦しんだりしているのです。とりわけ日本には、今の自分や自分を取り巻く現実が嫌でたまらず、「死にたい」と思っている人たちがたくさんいることは先にも述べました。

そもそも、自分が劣っているとか、自分が嫌だとか、世の中に存在してはいけないんだと思って生まれてくる子どもは誰一人としていません。私たちは誰もが、この世に無条件に存在する（being）価値を生来的に持っています。生まれたての子牛が自ら立ち上がろうとし、孵化した蝶が空を舞い、小犬があたりを駆け回るように、すべての生きものが、生来の資質に応じて伸びやかに生きようとする、この世に生を受ける幸せというのは、そういうことだと思います。そして、少なくとも物心がつくまでは、私たちの誰もが自分のbeingを伸びやかに生きています。

ロジャーズも、小さい子どもの頃の、内発的な好奇心や好き嫌いの感情に基づく「価値づけ」、つまり、本来の生命力に根ざした経験の選択をとても信頼しています。しかし、私たちは成長に伴い、重要な人や集団からの愛情や受け入れを求めるがゆえに、beingに根ざした価値を軽視するようになり、周囲から評価されるような「価値」基準に基づいて、「優れた」人になることを目指すようになります。それがすなわち「幸せ」と同義になり、その観点からの「安心」や「幸せ」に少しでも近づくために、我慢や努力を重ね、生来の伸びやかさを抑制するようになっていきます。今の自分の不十分さや足りないところばかりが見えてしまうのは、そんな「価値」基準に沿った優劣や所有の程度を、幸せの基準にする習性が染みついてしまっているからです。

容姿、顔立ち、体型、学力、運動能力、絵や音楽の能力、社交性、仕事や職種、その他もろもろ、常に他人との比較の中で、優越感や不安が煽られます。人との比較や優劣が私たちの努力や改善を動機づけ、その意味での「幸福」を達成したいという想いを強く刺激するのが、良くも悪くも現代社会の基本的なあり方です。

例えば、親のかかわり方一つとってみても、もし子どもが親の言うことをよく聞けば、テストの点が良ければ、サッカーで試合に勝てば、難しい曲が弾けるようになれば、機嫌よく子どもに接するけれど、その一方で、思うような成果が上がらないと頻繁にダメ出しをしたり、叱り続けたりする親もいます。そうではなくとも、不機嫌になったり、がっかりしたような雰囲気を醸し出したりすることで、子どもは、「自分ができないのがいけないんだ」「自分が悪いんだ」という気持ちになります。もし、それが繰り返されると、「今の自分のままでは価値がない」「もっと優れた存在でないと愛されない」などという想いを募らせ、そのように条件付けされていくでしょう。子どもの社会へのかかわり方は、親子関係がベースとなりますから、学校や社会に出ても、何かが苦手だったり人より劣っていたりすると、「自分は周囲から受け入れてもらえない」「存在する価値がない」などと自分をさいなんでしまうようになるかもしれません。

そんな小さい頃からの条件付けを自ら緩めない限り、それは大人になってもずっと私たちを苦しめ続けます。多くの人たちがうつ状態から抜け出せなくなっていたり、死にたいと思ったりしているのはそのためです。また、「幸福」になれそうもないという「不安」や「焦り」や「怖さ」が、他者への憤りや怒りに転じ、他者を貶めたり、暴力などに走ったりしてしまうケースも少なくありません。

ロジャーズも、そんな親からの条件付けの「愛情」に苦しんだ一人です。その経験から、人間には生まれながらに自然な自己実現傾向、すなわち、自分の体験や感情に即して生き生きと、幸せに生きられる力が備わっているはずなのに、親のかかわりが条件付きであればあるほど、子どもは「親が気に入るように行動しなければならない」という想いが強くなり、自分らしさや自然な自己実現傾向を抑え込んでしまう。クライエントはまさにそのことに苦しんでいる人たちで、それが癒されるためには、親や社会の価値付けにコントロールされ、その「条件」に即さないと受け入れられない自分から、本来の自然な感情や体験に開かれ、それを信頼できるようになること、そして、そんなあるがままの自分を受け入れることを通じて、本来の自己成長、自己実現を遂げていくことが大切だと考えました。

でも、私たちが子どもの頃から長年来、学習してきた条件付けから自由になり、自分の存在をあるがままに受け入れられるようになるというのは、なかなか簡単なことではないのです。

▼自分の今のありようをそのまま受け止めて共感してくれる人

そのためにまず助けとなるのは、自分がたとえどうであったとしても、どんなに受け入れがたい今のありようであったとしても、その悩みや苦しみをそのまま受け止めてくれ、共感してくれ、大切にしてくれる人との出会いやつながりです。

私たちがそのような出会いに恵まれ、誰かが「今のあなたのままでいいんだ。大切なんだ。そのままで価値があるんだ」と純粋に思ってくれる。もし、そんな体験が持てたとしたら、私たちはとても救われ、今の自分を確かな出発点にして、自分の人生を着実に生きていこうとする意欲や覚悟を持てるようになるでしょう。そして、自分らしさをもっと発揮したい、もっと高めたいという意欲さえ湧いてくるでしょう。自分のことを分かってくれ、受け入れてくれる誰かとの出会いはとても大きな力を持つのです。

私たちは、そんな関係を通じて、「今のままの自分では価値がない」という信念から自由になればなるほど、自分の体験や感情をそのまま信じて、自分らしく生きようとする本来の傾向を回復し、心理的に脅かされることなく、自分を大切にして、かつ、他者や社会とも調和して幸せに生きていけるようになれるのです。ロジャーズはそのような私たちの理想的な姿を「十分に機能している人」と呼び、カウンセリングの最終目標としました。カウンセラーがクライエントの今のありようを尊重し、寄り添い、共感し、前提条件なしに好意を向けるといった姿勢やかかわりこそが、悩み苦しむ人が癒され、自らの力で幸せの道を歩んでいくようになるための最も効果的な方法だと考えたのです。他方、助言や指導などは、自分の本来のありようや自分の体験や感情をなかなか信じられず、自己疎外に悩む人たちには、あまり効果的ではないとしました。助言や指導が多すぎると、その人が主体的、自律的に自分の人生を生きていけるようになる可能性を減らしてしまうと考えたのです。

その姿勢は、今やロジャーズ派を超えて、広くカウンセラーが身に付けておくべき基本とも
されています。仮に皆さんがカウンセリングを受けて、助言やアドバイスが少ないと思ったと
したら、カウンセラーのそのような考えが背景にあると思います。つまり、できるだけ前提条
件なしに、あなたの体験や想いに寄り添う人でいることこそが、あなたを癒す最良の方法だと
いうスタンスです。

ただ、必ずしも助言や指導がないほうがいいとは限りませんので、もし、そのことに疑問や
不満を感じたり、あるいは、回数を重ねてもあまり楽になる感じがしないなと思ったりしたら、
そのことを率直に尋ねてみるのがいいでしょう。本当に相手のありようを尊重しているカウン
セラーであれば、そんなあなたの迷いや不満にも虚心に耳を傾けてくれ、共に考えようとして
くれるはずです。

さらにロジャーズは、専門的カウンセラーに限らずとも、そのような基本的姿勢と人間性を
兼ね備えた人であれば、それは誰にでも可能であると言っています。確かに、そのような「癒
しの人」が市井の中にもしばしばいますし、ときに身近な人がそんな存在であったりもします。

実際、私たちには基本的に、悩み苦しむ相手に寄り添いたいという本能が備わっています。
多くの動物でもそうですし、物心つく前の乳児が、苦悩する母親の頭をなでてあげたりもしま

す。それが利他的に発揮されると、誰もが「癒しの人」になり得ます。家族との間で、親友との間で、誰かとの間で、自分でも持て余してしまっている「自分」の存在を、そのまま受け入れてもらえ、癒されたという経験は少なからずの人にあると思います。

ただし、私たちは、ときにそうあることは可能なのですが、常に相手に寄り添い、共感して、受け入れ続けるということはできません。特に、家族などの身近な関係は、近しいだけに好悪さまざまな感情が湧き起こり、「もし、あなたがこうだったら」という条件付きでの肯定や、逆にこじれた関係になってしまうことも多いのです。

そのためカウンセラーは、クライエントと近い関係にないことが望ましいとされています。専門的に訓練を受けたカウンセラーですら、いつも共感的でいられるとは限らないからです。例えば、カウンセラーとて、社会的な条件付けや自分がこだわる「価値」付けの落とし穴にはまることがあり、そうなると、知らず知らずのうちに、それらに照らして相手を評価してしまったり、好き嫌いの感情を持ったりしてしまいます。カウンセラーも一人の人間として、いろいろあった来し方に自分なりのやり方で対処したり、乗り越えてきたりしていますので、そんな「価値付け」が影響しないこともなくはないのです。

ただ、そのような想いを持ってしまうカウンセラーが、良くないカウンセラーということではありません。自分の生きてきた人生を背景として、今そんなふうな気持ちになる、なってしまうということにある程度は気づいていて、その違いも踏まえながら、あなたの事情に想いを馳せ、あなたを尊重しようとするのが、良いカウンセラーです。言いかえれば、自分自身の不充分さや弱みも受け入れながら、日々の営みの中で「十分に機能する人間」に近づこうとしており、自分とは生まれも育ちも違う相手の生き方に共感することの限界を知っていながらも、なおかつ、相手に寄り添い、「共感的関係」を築こうとする癒しの力を信じている人とも言えるでしょう。

いずれにせよ、もしあなたがカウンセリングを受けても、自分を大切にしたい感じがなかなか起きてこず、むしろ、かえって自分を責めたり、さいなんでしまったりすることが続いてしまう場合は、そのカウンセラーとは相性が悪いと思います。専門的な知識や理論に納得できることよりも、カウンセリングを受けて、あなたが自分を責めたりさいなんだりする気持ちが軽くなり、今の自分そのものを大切にしたい気持ちや意欲が湧いてくるかどうかが、カウンセラーとの相性を判断する目安です。

ここで、一つ注意しておきたいのは、そのような他者からの「共感」や「癒し」を期待しすぎると、逆に苦しみが増してしまうことが往々にしてあることです。そもそも、他者から共感的に受け入れられることを求める傾向の強い人は、本来、感受性が高い人が多いようです。そうすると、苦しいときに身近な人やカウンセラーに共感してもらうことや受容してもらうことを求めすぎてしまい、それが十分にできない相手に、失望や不満や怒りが湧いてしまうことがあります。それはときに、相手への「うらみつらみ」にまで至ることもあり、そうなると、本来、優しく頼れる相手と、とても難しい関係になってしまうことにもなりかねません。

どんなに優しい人でも神さまではありませんから、「癒し」を他の人に求めるのは限界があります。だから、人を常に頼らなくとも、自分で自分のことを癒せるようになることがとても大切です。その意味で、カウンセリングの理論の中には、ロジャーズ派のように他者からの共感や肯定、承認を重視するものもあれば、他者からの肯定や承認を一概に良いこととは見なさない立場もあります。アドラー心理学や実存主義の考え方などがその一例です。

要は、どちらが正しいかということではなく、そのバランスの問題であり、今の自分には何が必要で、何が役に立つかということにほかなりません。苦境の真っただ中にいるときには藁をもすがりたくなるので、その判断も難しくはなるかもしれませんが、そんなことも心に留めておいて、自分本来の持っている力を自分で軽んじていないか、誰かからの「共感」や「癒し」を求めすぎていないか、など振り返ってみてもいいのではないかと思います。

▼基本は自分で自分を大切にできること

繰り返しますが、私たちが心穏やかに生きていくためには、自分で自分を大切にできること、自分で自分を癒せるようになることが原則です。逆にそれができないと、常に何かに頼らざるを得ないことになり、私たちはなかなか幸せにはなれません。

この章のテーマに即してそのかんどころをお話しすると、そのためにはまず、小さい頃からの条件付けが、いわば「こだわり」となって自分を苦しめていることに気づくことが必要です。「幸せ」のあり方は、本当に多種多様です。学歴が高かったり、能力が優れていないと成功しないとか、誰かに認められないと幸せになれないとか、そのためにはつらいことに耐えてがんばらなくてはならないとか、といった後付けで学習された前提や信念が視野を狭め、自らを追い詰めます。そして、望ましい結果が得られないと、自分を損なうような考えや行動を起こしてしまいがちです。ときに、その前提条件は根深い「こだわり」や「執着」となって、自分の命を滅ぼしてしまうようなものにさえなり得ます。それをそのままにしておいて、今の自分を受け入れようといっても、それは無理なことです。だから、今あまり幸せではない人は、自分の考える幸せの前提条件が、決して本当の幸せを決定づけるものではないことに、早く気がつかなくてはなりません。

「こだわり」のレンズによって色付けされた目には、能力や才能があったり、我慢や努力を重ねて成果を上げたり、社会的に認められた人たちばかりが鮮やかに映し出されます。逆に、そのレールに乗れずに、そこから外れて失敗した人や、「平凡」な人生に無気力になってしまっている人たちもクローズアップされ、不安や焦りが掻き立てられます。そもそもの前提条件への「こだわり」が、こうして自分の「世界」や「現実」をどんどん作り上げていってしまうのです。その前提はある種、社会的な価値観でもありますから、マスコミでもソーシャルメディアでも、同じようなことがもてはやされています。

でも、よく注意して見てみると、高学歴で有名な仕事に就いている人が不機嫌だったり、憂うつな毎日を過ごしていたり、本人はさておき周りの家族がひどく苦しめられていたりする例が案外多いことが分かります。学歴でもスポーツでも芸術芸能の分野でも何でも、その道で名を遂げた人とて、傲慢であり、心穏やかでない人がたくさんいます。どんなに成功しても、どんなに有名になっても、今の自分を受け入れられず、何かを成し遂げなければ幸せになれないという想いが強い人は、なかなか心穏やかに生きられないのです。

あまり話題には取り上げられませんが、周囲の現実世界をよく見てみると、メディアで言われる「幸せの既定路線」に乗っていないような人たち、普通で「平凡」と思われるような人たちの中に、日々を幸せに暮らしている人が多く見つかるでしょう。その人たちにも、もちろんもっとこうなりたいという気持ちはあるでしょうが、今の自分の置かれた状況で、自分の限界を受け入れて、やれること、やるべきことをこなしながら、日々の恵みに感謝して、人に助けてもらったり、人に貢献してあげたりして、生き生きと暮している人が少なくありません。今の世の中や世界の平和の大部分は、実はそういう人たちのおかげで成り立っているのです。自分の目が「色付け」されていると、そんな確かなリアリティも見えなくなってしまいます。

▼自分で自分を大切にする方法①　〜自分を思いやる

条件付けがある程度緩んだところで、次に大切なことは、いわば「無条件の肯定」を自分で自分にできるようにすることです。そんな誰かが身近にいなかったら、自分でやるしかないし、自分でやればいいのです。

そのための具体的な方法として、前の章でも触れましたが、自分への「思いやり」を主眼に据えた、コンパッション・セラピーの考え方が役に立つかもしれません。まずは、一般向けのワークブックのような自分でできる簡単なものを覗《のぞ》いてみてください。例えば、『セルフ・コンパッションのやさしい実践ワークブック』（デズモンド、２０１８）などには、自分の今の状態に応じて、自分を思いやり、自分をケアする方法が具体的に書かれていて、とても役に立つと思います。

簡単にそのやり方についてお話ししておきましょう。まず、後にも説明しますが「マインドフルネス」と呼ばれるスキルを用います。自分の呼吸に注意を向け、空気が流れ込んできて、流れ出ていくときの身体の感覚に集中して、心を「今この瞬間」に置くようにします。それから、注意を、呼吸から身体の感覚、あるいは、心の中に湧いてくる感情や考えに広げていきます。呼吸に注意を向け呼吸を観察したときのようにそれらを眺めます。

人生があまりうまくいっていないときには、特に、体のある部分の緊張や不快感、あるいは、嫌で追い払いたい感情や考えが強くなってくると思います。そのとき、すぐにそうしようとせず、どんな形や表情や迫り方をしているかを観察してみるのです。できれば、それらに、「怒り」とか「淋しさ」とか「不安」とか「脅え」とか名前をつけてみると、少し離れたところから眺める雰囲気が出て、それらに煩わされる度合いが減るかもしれません。

自分の身体の感覚や感じをうまくつかめるようになると、今の自分の状況や苦しみの本質がより分かるようになることが普通です。実は、それは頭の中の「考え」よりもずっと確かなものです。ロジャーズの影響を強く受けたジェンドリンという人は、「フォーカシング」という方法を提唱し、そのような身体の感じをつかむことを通じて、自己理解や自己受容、自己成長が促がされ、幸せな人生に近づく道筋を示しています。

さて、自分を思いやり、自分を癒す「かんどころ」はここからです。それらの心の中の不快で嫌な面々も、自分らしい大切な部分です。それらを受け入れてあげ、ケアしてあげることが、自分を思いやることにつながります。例えば、自分の中の苦しみの存在に注意を向け、あたかも困ったり苦しんでいたりする子どものように、両手を自分の胸に当てながら、「淋しくて不安なんだね。一緒にいてあげるよ」と語りかけてみたり、『怒り』さんが来てくれたんだね。どんなふうに私を励まそうとしてくれているの？」と尋ねてみたりします。

あるいは、自分の中の苦しんでいる部分に向けて、「あなたが幸せでありますように。穏やかでありますように。安全でありますように。愛されますように」と祈ってみたりしてもいいでしょう。その際、その面々を、泣いていたり、脅えていたり、怒っていたりする子どものようなイメージとして人格化するのがコツです。そのイメージへの語りかけや祈りは、それぞれがそれぞれに工夫してもちろん構いません。

自分への無条件の肯定というのは、まさに、こういう姿勢や行為のことを言うのです。自分のいいところ、気にいっているところのみならず、自分の嫌なところや苦しみ、悲しみ、怒りも含めて、ありのままの自分を、自分が受け入れて優しく接してあげ、大切にしてあげる、そんな具体的な行動なのです。

そのように自分を思いやる姿勢がある程度身に付くと、嫌な考えや苦しみや怒りが湧いても、それらが自然に花を咲かせ、自然に去っていくに任せられるようになり、それらに人生を左右されなくなる可能性が高まります。このような練習を一定期間続けることで、自分を思いやり、大切にする脳内の回路が成長し、幸福感が高まるというエビデンスもあります。

たとえ親がそうしてくれなかったとしても、私たちは自分で自分を癒せるようになるのです。小さい頃の体験に恵まれず、苦しい人生を送ってきた人ほど、それがとても難しく、到底できないように錯覚してしまいがちです。だからこそ、自分は幸せになるという覚悟を持って、自分で自分のことを大切にしてあげるのです。最初は、慣れていませんので、うまくいかないことも多いでしょう。でも、あきらめずに何度も繰り返し練習すれば、必ずできるようになっていきます。

自分で自分を大切にする方法②　～言葉の力を借りる

自分を自分で大切にする、受け入れるために役立つ方法はほかにもあります。とにかく、理屈抜きに無条件で自分を肯定する言葉を繰り返し唱えることです。「言霊《ことだま》」とも言われるように、言葉の力は決して侮れません。「よくやってる」「素晴らしい」「それでいいよ」「大丈夫」「心配いらない」「私は幸せ」「私は恵まれている」「ありがとう」など、なんでもかまいません。まずは、気に入ったものを一つ選び、ことあるごとに、できれば優しく思いやりを持って、繰り返し唱えます。今の現実がどうであってもかまいません。試しに、例えば「私は素晴らしい。大丈夫」と、一日１００回、一週間唱えてみれば、誰もが多かれ少なかれその効果を実感できると思います。

過去や現在の苦悩が強ければ強い人ほど、今の自分を肯定するような「言葉」を唱えることにはさまざまな抵抗が起こります。それでも、感情が伴わなくてもかまいませんから、ただ繰り返し口ずさむのです。朝でも昼でも晩でも、歩いているときでも、移動中でも、仕事中でも、いつでもできます。１００回なんてあっという間です。それを習慣や口癖にしてしまえば、それほど負担にもなりません。

ただ、そのときに、そうすることですぐに気持ちが楽になったり、自分を受け入れられるようになったりすることに、あまりこだわらないで続けることが秘訣です。感情は自然の成り行きですから、自分から無理に変えることはできません。特に、否定的な感情や嫌な考えほど、私たちが意図的にコントロールするのは難しく、逆にそうしようと思えば思うほど、こじれてしまうことが普通です。しかし、たとえどんな感情が湧いてこようとも、そこでどうするか、どう行動するかは、私たちが選べます。たとえ、行きつ戻りつであっても、そんな自分を幸せにするための具体的な行動こそが、幸せへの一番の近道なのです。

そのためには、例えば、まず費用も労力もかからない「言葉」から始めてみる。自分に合いそうな言葉を一つ選び、それをただ何回も唱えてみる。もし、どんな言葉がいいか迷う場合には、良い言葉を紹介してくれている一般向けの本やサイトなどもたくさんありますから、探してみるのもいいでしょう。また、自分でそのときそのときに応じた「言葉」を見つけていったり、レパートリーを増やしていったりするとなお良いと思います。

それが習慣となれば、自分で自分を大切にする雰囲気が身に付くようになり、さらには、今まで目が向かなかった、身近な「恵み」や「幸せ」に気がつくようにもなっていきます。実は、私たち人間にとって、どんな「言葉」を選び、どんな「言葉」を使うかが、私たちの見るものを規定し、考えをかたちづくり、私たちの生きる現実となっていくのです。

この章では、まず、人間中心療法の基本的な考え方を踏まえ、ありのままの自分を大切にすることが幸せにつながること、さらには、そのために役に立つ方法やアイデアをお話ししてきました。でも、もうこれはロジャーズの考え方からは相当に離れてしまっています。

何が一番大きく違うかというと、例えば、自分を思いやるための具体的な振る舞いや、言葉を唱えるといった「行動」を積極的に取り上げているかどうかです。この「行動」を変えれば、「ものの見方」も「考え方」も「感情」も変わり得る、そして、幸せに近づけるというとらえ方は、「行動療法」とか「認知行動療法」とか呼ばれるカウンセリングの基本的な前提でもあります。認知行動療法では、どんな時にどんな行動を取ったらいいかのバリエーションが数多く用意されていますし、自分のこれまでのものの見方や、自分を苦しめてきた条件付けを緩める具体的な方法なども用意されています。

なお、自分の「こだわり」や「執着」を減らし、「今この瞬間」を生きることで幸せに近づけるという観点は、マインドフルネスの癒しから大きなヒントを得ていますし、自分や世の中の肯定的な側面を見るようにすることの効用は、ポジティブ心理学でとても重視されています。

加えて、専門的な理論だけでなく第10章にあげているような一般向けの自己啓発書などからも多くのアイデアを得ています。

どんなに伝統のある、あるいは評判のいいカウンセリング理論でも、人によって、あるいは、そのときの苦悩のありようや、成り立ちや経過などに応じて、合う合わないがあります。そして、私たちが幸せに生きていくためには、専門的に確立された方法だけでなく、私たちの日常の活動や工夫や知恵なども含めて、「自分ならでは」のやり方をアレンジしていくことが大切なのです。

第9章
「行動」や「ものごとの受け止め方」を変えてみれば幸せに近づける
～認知行動療法の考え方を参考に

▼行動や認知を変えてみる

これ以降の章でお話しするさまざまな考え方は、何らかの「行動」をしてみることを積極的に推奨しています。ともかく、「行動」を変えてみれば、「考え方」も「感情」も、今の「困難」や「苦悩」も変わる可能性が高く、そうして人は幸せに近づけるのだ、という前提です。そのために要する期間も、それほど長期間を想定していません。

その代表的なものは、「認知行動療法」と呼ばれる考え方です。認知行動療法には、その人がどんなときにどう行動したら幸せに近づけるか、についてのさまざまな方法が多く用意されています。また、自分のこれまでの「ものの見方」や「考え方」、「自分を苦しめる自分のこだわり」などを見直して、私たちがより生きやすいものに代える方法なども備えられています。そのために、今、不幸せなのは、自分のどんな考え方やどんな行動の習慣によるものなのかを見つけてゆくことがとても大切になります。

現在、認知行動療法は、うつ病などの気分障害といわれる心の不調に対しては医療機関での保険適用が可能になっており、厚生労働省ホームページ上にはその考え方ややり方を、うつに苦しむ患者さんやご家族向けに分かりやすく説明した資料「うつ病の認知療法・認知行動療法（患者さんのための資料）」が掲載されています。つまりそれだけ効果が確かな方法だということです。

認知行動療法については、この厚生労働省ホームページをはじめ、読みやすい一般向けの本が多く出ていますので、それらを読んでいただければと思います。例えば、『ケアする人も楽になる　認知行動療法入門　ＢＯＯＫ１&ＢＯＯＫ２』（伊藤、２０１１）や『コーピングのやさしい教科書：折れない心がメモ１枚でできる』（伊藤、２０１７）などは、とても分かりやすく書かれていて読みやすい本です。読んでみるだけで、そのエッセンスが理解しやすいのも、認知行動療法の特徴です。ですから、ここではその概要を簡単にお話しするにとどめて、実際に皆さんが使ってみるうえでのメリットや注意点などを付け加えておこうと思います。

認知行動療法は、自分の認知（現実や起きた出来事の受け止め方）と、自分の気分や感情と、自分の行動との関連で、心の不調や苦悩を理解し、改善するための方法です。心の苦しみや精神的な不調は、「現実」や起きた出来事を、私たちがどのように捉え、受け止めるか（認知）、あるいは、そのうえで、どのように振る舞い行動するか（行動）に、大きく影響されています。だから、出来事の受け止め方（認知）や、自分が何をするか（行動）を変えることによって、心の苦しみや精神的な不調が癒され、改善するのです。

この事実は、人の幸不幸は、人生に何が起きたかで決定付けられるのではなく、それをどう受け止め、どう行動するか次第なのだということを示しています。これは、「幸せ」に生きている人は、「幸せ」を呼び寄せるような「受け止め方」と「行動」ができているということでもあります。

ものごとの受け止め方を見直してみる

心の苦しみや精神的な不調に直結する物事の受け止め方（認知）の特徴は、悲観的、否定的な考え方です。例えば、物事が思ったとおりにいかないことは、誰にとっても、少なからずあることです。でも、そんなときに、「自分は能力がないダメな人間だ」「自分の人生はずっとうまくいかないことばかりだ」「誰も自分を助けてくれない」などと考えてしまうと、ますます自分を追い込んだり、苦しめたりしてしまい、不幸に向かって突き進んで行ってしまいます。

そもそも、私たちは不安だったり、心配ごとがあったり、ストレスが溜まっていたりすると、そのような悲観的で否定的な気持ちになりやすいのです。それをそのままに放っておくと、出来事の良くない側面や不安やストレスなどを、ますます敏感に感じやすくなり、どんどん悲観的に、どんどん暗く考えるようになってしまいます。まさに、不幸せへの悪循環であり、うつの人はこれが慢性になってしまっていることが多いのです。

だから、私たちがもし、その受け止め方や考え方を変えることができれば、そこから脱することができるという道理になります。ただ、私たちは知らず知らずのうちに自動的に、悲観的、否定的な考え方や想いに入り込んでいきがちですので、そう簡単ではないのです。

そのための一つの方法が、その自分の悲観的、否定的になりすぎる考え方の癖や、習慣を日ごろから見直してみて、自分を暗い方向に進ませないようなものに変えてみるということです。自分にとってあまり良くない出来事が起きたときは、いつもの反応のパターンが必ず出てきますから、そのときは、それを探り変えていくチャンスでもあります。例えば、良く実施されているやり方として、「コラム法」というものがありますので、簡単に紹介してみます。

例は何でもいいのですが、「就職面接のあと、不採用の通知が来た」という出来事が起きたとします。その際に、まずはそのときの嫌な気分をそのまま数値で判定してみます。「焦り90％、絶望80％、不安70％」などになるかもしれません。そして、そのときに頭に自然に浮かんでいる考えやイメージ（自動思考）とその確信度を書き出してみます。「自分はダメな人間だ（90％）、この先も就職試験に受かる可能性はない（80％）、就職できなかったら一生不幸だ（80％）」といったように、です。そして、このあとに、そう信じてしまっている自分に「果たして本当にそうだろうか」「違う考え方はないだろうか」と言い聞かせてみて、それを書き留めてみるのです。そう思い込んでしまっているのは、まさに自分の心の癖、パターンでもあるからです。冷静に考えてみると、「不採用になったのは単に会社との相性が良くなかったのかもしれないし、そもそも採用される人数のほうが圧倒的に少ない状況だった。また、短い時間でそもそも人の能力や持ち味が判断できるものでもない」「就職は運不運の要素もあり、運が良ければ受かるかもしれないし、この結果だけで絶望するのはちょっと大袈裟すぎるだろう」「仮に今、就職できなかったところで、一生不幸になるわけじゃないし、就職できたとしても、それで一生の幸せが保証されるわけではもちろんない。人間、どこかの会社に就職するために生まれてきたわけじゃない」などという当たり前のことに行きつくかもしれません。

その後で、もう一度、さっきの嫌な気分の度合いを判定してみるのです。すると、「焦り50％、絶望20％、不安50％」などに変化しているかもしれません。余裕があるようであれば、そのうえで、これからの具体的行動プランを立てるのもいいでしょう。厚生労働省ホームページや多くの一般向けの認知行動療法の本には、以上の作業を書き込める「コラム表」が掲載されていますので、それに沿って自分で取り組むことができます。

もし、それで気分が改善しなかったとしても、自分の嫌な気分の度合いや自分の考え方の癖、さらには、自分を明るい方向に進ませてくれるような考え方や受け止め方について考えてみたり、書き留めてみたりすることは、自分のありようを自分の外の視点から見てあげることにつながります。実は、苦しんでいる自分を俯瞰的な視点から見てあげることは、幸せに近づくためにとても役に立つ方法なのです。

認知行動療法の中でも、以上のような「認知」の側面に焦点を当てる方法は、特に「うつ」などに有効とされています。ただし、自分の頭（思考）を使って自分の認知（考え方）を変える、自分の心を使って自分の心の癖を修正する、という少し複雑な作業ですから、頭の中がごちゃごちゃしてしまって疲れてしまったり、理屈で考えすぎて効果が上がらなくなってしまったりすることもあります。ですから、もう少しシンプルなやり方も、身に付けておいたほうがいいでしょう。

例えば、ここでも自分を支えるような「言葉」を持ち、繰り返し口ずさむことが、力を貸してくれます。言葉の力は決して侮れません。「よくやってる」「素晴らしい」「大丈夫」「心配いらない」「すべては幸せの種」「私は恵まれている」など、何でも良いので、不安や心配が高じたら、その一言をただ何回も唱えてみるのです。たとえ感情が伴わなくてもかまいません。そうすると、知らず知らずのうちに、脳がその言葉に沿ったものを見ようとするようになります。つまり、言葉によってものの見方（認知）や現実が変わり得るのです。

▼「行動」を変えてみる

「良い言葉」を繰り返し唱えるのと同様に、まずはあれこれ考えるのをやめて、何か「行動」してみる、という側面に焦点を当てた方法は、少なくともその原理はとても単純で、とっつきやすいものです。長引く心の苦しみや精神的な不調から回復するためには、ともかく自分の行動を変えてみるのが良いのです。また、どんなときにどんな行動や振る舞いをすれば、人は幸せに近づけるのかという知見もたくさん集積されています。ここでは、その目安としていくつかの考え方を紹介してみます。

楽しみを増やす

まず、一つ目は、楽しみや達成感を感じられるような行動を少しずつ増やしていくという考え方です。あるいは、とにかくつらい気分が少しでも癒されそうなことをやってみるということです。これらは、先に述べた厚生労働省ホームページでも推奨されている、誰もが納得しやすい考え方です。もちろん、何か気晴らしになりそうなことや、苦悩からちょっとは気が逸れたり、気が紛れたりすることも助けになります。実際、自分の抱える悩みや苦しみを繰り返し考えることが、逆に苦悩を増してしまうというエビデンスが示されています。

逆の言い方をすれば、心の健康を保てている人は、自然とそのような行動を通じて、自分を支えたり、困難を乗り切っていたりすることが多いのです。しかし、私たちが不幸感にさいなまれているときには、そのような前向きな行動や自分を癒すような振る舞いが、なかなかできなくなってしまいます。ですから、少しでもできそうな小さなことから、とにかくやってみるという姿勢が大切です。

また、少しでも心の余裕のあるときに、自分の人生で大切なこととか、価値を置いていることとか、生涯を通じての目標などを意識して書き留めておき、それに近づく小さな一歩としてすぐにできそうなことを、複数、箇条書きにしておくのもいいと思います。例えば、「自分の経験を生かして小説を書いてみたい」だったら、「まずは、スマホで『小説の書き方』のサイトを探してみる」「とにかく図書館に行って30分過ごしてみる」などかもしれません。もし、「自分の心の平穏と家族の幸せ」であったなら、「自分の心が穏やかでありますよう、家族の皆が幸せでありますよう」などの祈りの言葉を一日10回唱えること、かもしれません。

そのほか、生きがいや目標などと関係なくてかまいませんから、日ごろから、自分がほっこりしたり、気持ちが和らいだりするようなことを、複数、リストアップしておくのもいいでしょう。いずれにしても、心がひどく追い込まれてしまってからでは、なかなか難しくなりますから、日ごろからの準備が助けとなります。

例えば、『ＨＡＰＰＩＮＥＳＳ　ＩＳ…幸せを感じる５００のこと』（スウェーリング＆レザー、２０１５）という本をパラパラと眺めてみると、皆さんが心ひかれることに必ず出合うでしょう。また、古代ギリシャ時代に推奨されていた心の養生法は、睡眠、入浴、良い食事、運動などだそうです。これらは今でも心身の健康の秘訣でもありますので、きっと、私たちが普遍的に癒されることなのでしょう。

特に昨今、心の健康に非常に役立つと言われているのが運動です。『一流の頭脳』（アンダース、２０１８）によれば、例えば、一日20分以上、週2〜3日以上のジョギングやウォーキングなどの有酸素運動を習慣付けると、脳細胞の成長や脳内物質の分泌などを促し、不安やストレスが減り、集中力・やる気・意欲が高まり、行動コントロールが容易になり、記憶力・創造力・

知能を高め、抑うつを改善し、脳の老化や認知症を防ぐなどのさまざまな効果があるとされています。今のところ、運動以上に脳のそれらの改善効果を高める活動はないそうで、運動することが私たちの幸福感を相当に高めてくれることが脳科学レベルで実証されています。

いずれにしても、自分のために自分に合ったもの、向いているものを見つけていく営みが新たに加わると、よりいっそう人生が豊かになります。それは、必ずしもお金がかかるもの、評判が良いものとは限りません。自分の持って生まれた資質や、向き不向きに合っているという意味で、物心つくかつかないかの頃に自然とやっていたことの延長上にあるかもしれません。あるいは、若い頃に心ひかれたけれど、どうせ成功しない、食べてはいけないからと複雑な気持ちで見送ってきたり、断念してしまったりしたことかもしれません。また、人からみれば一笑に付されたり、価値がないと思われたりするようなことかもしれません。でも、自分の感じるところに従って、実際に少しでも試してみることが肝心です。

その際、不安になったり、避けたくなったり、こんなことやっても仕方ないと思ったり、いつものパターンが出てくるかもしれません。それから、最初はうまくいかなかったり、失敗したりするのは当たり前です。でも、やってみないことには何もわかりませんし、何も変わりません。どこかで行動を変えてみなければ、今までの苦しみに濃く色付けされた生き方とは違う、新たな世界に開かれることは難しくなってしまうのです。最近は、自分の好きなことやワクワクすることを中心に生きていくとか、自分の嫌なことは無理してやらないことが幸せの秘訣といった一般向けの本がよく売れているようです。確かに、たとえどんなことであってもワクワクすることや夢を抱いている人たちは、幸せの近くにいる人たちと言えます。

ただ、私たちの日常は、嫌なことや避けられないことからも成り立っています。ですから、それはそれとしてこなしながら、仕事や家事などの合間に何かをやってみるというだけでもかまいません。たとえ、目に見えた成果が上がらなくても、あるいは、途中で「やっぱりこれは違った」でもかまいません。とにかく、動いてみること、少しでもやってみることが大切です。そうして、自分のやりたいことや自分らしさの探求の旅が軌道に乗れば、それは、すなわち幸せの道を歩いているということなのです。

自分の行動をコントロールできるという実感

ただし、「行動」してみたからといってその結果、すぐに「気分が晴れる」ということにこだわりすぎないことが大事です。自分の嫌な気持ちや苦しい感情を変えようとか、なくそうとかしすぎることが、かえって、私たちの苦悩を増大させてしまうということが少なくないのです。大切なのは、良くない気分を変えようとすることよりも、たとえ気分がどうであっても、自分の行動をある程度コントロールできるという感覚が持てるようになることです。

特に調子が落ち込んでいるときや、長らく不幸感にさいなまれているときには、日常の生活リズムそのものが思うままにならないことが多いものです。ですから、生活リズムを規則正しく整えることこそが、気分の落ち込みや精神的な不調から脱するとても効果的な手段であったりするのです。認知行動療法では、活動記録表をつけることを勧めることがあります。一日の行動記録を一定時間ごとに記入し、そのときの気分も合わせて自己モニタリングすることで、生活リズムを整えつつ、自分にとって良い行動、役に立つ行動を知り、それを増やしていくということを目指します。この活動記録は、うつや不安はもちろん、ダイエットや禁煙などにも効果がありますので、なかなか侮れません。たとえ、こまめな活動記録とまでいかなくても、半日とか一日単位の簡単な振り返り記録であっても効果があります。書いてみるだけで、自分の行動をコントロールしてみようというモチベーションも上がることが多いですし、先に述べた「自分を俯瞰する自分」の意識にもつながります。

嫌なことにあえてチャレンジする

楽しいことばかりでなく、嫌な気分が増しそうなことでも、それにあえてチャレンジしていくという考え方も大切です。私たちの心の苦しみや精神的な不調が続いてしまう大きな原因の一つは、私たちが嫌な気分になりそうなことを、あらかじめ避けてしまうことです。つまり、自分（の心）を守ろう、庇おうとするあまりに消極的になり、行動しなくなってしまうことが、逆に自分を不幸にしてしまっているということがとても多いのです。

私たちは生きている限り、誰もが嫌なことや悲しいこと、怒りが湧くこと、ときに心の傷になり得るようなことに出くわします。そうすると、当然、ひどく苦しい想いにさいなまれますから、できるだけその苦痛を感じないですむようにという心の動きが起こります。

それは自然なことですから、ある程度は問題ないのですが、人によって、場合によって、その後、長いこと、あまり危険がないような状況になっても、そのような可能性がある場面を避け続けてしまうことがあります。例えば、今、社会的な問題となっている「ひきこもり」は、例外なく、何らかの対人関係における傷つき体験と、そのために対人関係を避けて自分を守ろうという心の働き、そして、さらに広い範囲でどんどん行動ができなくなってしまうといった悪循環が起こっています。

嫌なことを延々と避け続けてしまうと、時の経過という自然な癒しの力を味方に付けられないどころか、逆に嫌なことがどんどん自分の心の中で大きくなり、「ダークフォース」的な力が強力になってしまいます。いわゆる不安症とか恐怖症のからくりはこれです。そして、心の中の戦いで相当のエネルギーを消耗してしまい、直接の嫌なことだけに限らず、そのほか多くのことも含めて、自分の行動範囲や行動力がどんどん狭まっていきます。そもそも自分の心を守るために嫌なことを避けてきたはずなのに、そのことが余計、自分の心を追い詰めて、幸せから遠ざかることになってしまうのです。

それを打開するためには、まず一つ目の方法として、直接の嫌なことを避けてばかりいないで、少しずつ段階的にでもいいから、しっかり見たり、感じてみたり、やってみたりするということがあります。認知行動療法では「暴露」などと呼ばれますが、避け続けたり、逃げ続けたりするのをやめて、勇気を奮って向き合ってみるのです。そうすると、もちろん一時的に怖さや不快感は増しますが、そこを通り過ぎると心の安らぎに近づける可能性がぐんと高まります。ひとたび、怖さや不安にきちんと向かい合う覚悟を決めたら、今まで思ってもみなかった世界が開けるといったところでしょうか。

このいわゆる「暴露」のやり方には、思い切って一気にやる方法や、少しずつできることを段階的にやっていく方法、深呼吸や自己暗示でなるべくリラックスを心がけながらやる方法など、いくつかあります。もし、この考え方が役立ちそうだと思ったら、それほど深刻なトラウマや強迫症状でない場合は、自分でもチャレンジしてみてください。ただし、恐怖や怖いもの、避けたいものにあえて向き合っていく体験ですので、中途半端に終わってしまったり、逆に心の傷を深めてしまったりするリスクもないわけではありませんので、特に対象が深刻なトラウマや強迫症状などの場合は、認知行動療法の専門家の助けを借りるのがいいでしょう。

行動を活性化する

さらに、とても大切なことがあります。それは、心の中の嫌な気持ちや苦しい感情はそのままに、今、すべきこと、できることを、淡々とこなしていくことです。

毎日、毎日、私たちが生きていくためには、こなしていかなければいけない雑事が山ほどあります。また、自分なりに人生の生きがいや目標に達するために、やりたい、やらなければいけないと思っていることもあるでしょう。でも、心の中にいろいろな負担やわだかまりや、心の中の消耗戦があると、それらがひどく面倒になってしまうのです。

いくら心が疲れているからといって、日常の雑事は、私たちの回復をそれほど長い間は待ってくれません。仕事や何らかのスケジュールも同様です。そのなかで、気持ちが重いから、晴れないからと、雑事やすべきこと、やりたいことを長らく先延ばしにしてしまうと、生活のリズムや意欲自体が損なわれて、逆に心の疲労やうつ状態を長引かせてしまうというケースが実はとても多いのです。

たとえ気持ちはどうであれ、それらはとにかくそのままにして、淡々と今するべきこと、できることをこなしていくという姿勢が大切なのです。ですから、人によって、状況によっては、憂うつだったり、心の調子が良くなかったりするときに、とにかく無理をしないように休むという考えは、逆に心の不調が悪化してしまうこともないことではないのです。ときに、心の専門家も陥る落とし穴です。

この一連の考え方は、「行動活性化療法」と呼ばれる支援法などによく反映されていますので、もっと良く知りたいという人は、一般向けに書かれた『うつを克服するための行動活性化練習帳：認知行動療法の新しい技法』（アディス＆マーテル、２０１２）などの本を読んでみてください。

以上、私たちが幸せに近づくために行動をどう変えたらいいかということに関していくつかの考え方をお話ししてきました。

これらには相矛盾する側面があります。自分の癒しや気晴らしになるようなことをするのか、あるいは、最初は多少心の負担になりそうなことでもやるべきことをするのかです。私たちが幸せに近づくのに何が役立つかは、そのときそのときによって違いますので、まずは、あなたの今の状態（苦しみや困難）に合いそうなものを選んで試してみるのがいいでしょう。そして、その結果で自分に合っているかどうかで判断してみてください。

最初、自分に合っているかどうかがよく分からなくても、少し楽な感じがするとか、なんとなく気持ちがいいとか、穏やかな感じがするとか、意識しているとだんだんと分かるようになってくると思います。そんな自分の感じや調子をつかめるようになってくると、本当に休息を必要としているときも分かってくるようになり、いたずらにがんばって自分を追い込むことも、いたずらに無気力に過ごすこともなくなります。ちなみに、自分の感じや調子をつかむコツは、『心身養生のコツ』（神田橋、２０１９）という本がとても参考になります。

この章では、「幸せ」は起きた現実を自分がどう受け止めるかに大きく由来すること、そして、「行動してみること」がとても大切なことを述べてきました。でも、行動や自分の受け止め方を変えて幸せに生きるためには、心の痛みや苦しみが深い人は、それに圧倒されないように、引きずられないようにしないとなかなか難しいでしょう。実際、心の中の消耗戦でエネルギーを取られてしまっていると、何かをすることがとても難しくなります。ですから、そのときは、そんな自分のありようを受け入れて、思いやってあげることももちろん必要です。

そして、耐え難いような心の痛みに自分の人生を左右されないようにする、心の中の戦いを減らして本来の生き生きとしたエネルギーを回復する、そのための方法もあるのです。次章ではマインドフルネス瞑想に代表される方法を紹介したいと思います。

これまでにお話ししてきた幸せになるためのいわば「専門的」な考え方と、これからお話しするような古からの智慧と方法の両方が備われば、とても心強い味方となります。あとは、あなた自身が幸せに生きようと心に決めれば大丈夫です。

第10章　「今この瞬間」にこそ癒しと幸せがある

～マインドフルネス瞑想とスピリチュアリティ

▼マインドフルネスの癒し

つらい心の痛みや苦しみに自分の人生を左右されないようにする、そのためのとても力強い味方が、マインドフルネスと呼ばれる方法です。

マインドフルネスとは、「今この瞬間」の自分や体験を、価値判断を抜きにしてしっかりと気づき、生きる姿勢であり、それは、自分や周囲に対してのこだわりから自由になり、物事のあるがままのありようや、森羅万象の無常を受け入れる生き方の体現でもあります。

つまり、私たちは、人生に対するそのような姿勢を持ち、今ここの時間を確かに生きることができるようになればなるほど、苦悩が自分を苦しめ続けるものでなくなり、幸せを実感できるということです。

このマインドフルネスの実践により、ストレス低減、不安や抑うつの改善、感情調整力、幸福感、集中力の向上、心身の健康の増進、さらには、ＰＴＳＤ（心的外傷後ストレス障害）の影響や生物学的な要因などによる脳の脆弱ささえも改善され得る、というエビデンスや知見が数多く示されています。そのようなエビデンスもさることながら、実際にマインドフルネス瞑想を習慣化させると、これまで抱えてきた苦しみが徐々にその強度を弱めてくることが実感されると思います。

実のところ、苦悩のほとんどは、「今ここ」の瞬間から心が離れ、「過去」を想い出したり、「未来」を不安に思ったりすることによります。現在のこの瞬間自体には「不安」も「恐れ」も、「後悔」もないのです。心苦しむとき、私たちは時空を超えて過去や未来に生きています。だからこそ、心を過去や未来から現在に戻して、今この瞬間と共にいることができれば、そのこと自体が「幸せ」の一つのありようなのです。ところが、多くの場合はその逆です。ご飯を食べながら昨日の失敗を悔やんでいたり、顔を洗いながら先のことを気にかけていたりして、心が常に忙しくさまよい動き回っており、現実に自分が存在している「今ここ」から、意識が離れてしまっていることが多いのです。

マインドフルネスが習慣となれば、今この瞬間を味わうことの「幸せ」が、日々の暮らしの中になじんでいきます。そして、「幸せ」というものは、何か達成をすることや、優れた業績を成し遂げることや、いいことが起こることや、経済的に豊かになることなどとは違った次元に存在するものなのだ、ということにも気づいていくかもしれません。

実は、この「幸せ」への確かな道筋は、仏教の始祖である「ブッダ」が見つけ出したものです。ブッダは生涯をかけた修行で、心の苦しみを終わりに導く方法にたどり着きました。それは、すべてのものが移り変わる「無常」の中で、今この瞬間の自分と共にいること、とりわけ、自分の心の中で起こる欲望や怒りや淋しさや迷いなどの「執着」が湧き上がり、燃え上がり、そして去ってゆくさまを、自分を俯瞰する視点から見てあげること、そのためには、常に自分と共にある「呼吸」を拠りどころにすること、などです。ブッダは、その具体的なやり方について、「呼吸」の役立て方に関する「16の練習」を通して教えてくれています。

その練習を通じて、私たちはこれまでの苦悩から解放されるばかりか、怒りや嫌悪や孤独や苦悩を生じさせ、かつ、それらを抑えこむために要していた莫大なエネルギーが、逆に価値あるエネルギーに変容して、私たちの命に満ちた、生き生きとした日々を回復してくれるというのです。つまり、私たちは過去にどんな苦悩があっても、未来にどんな不安があっても、幸せに生きていくことができる存在なのだということです。『呼吸による癒し：実践ヴィパッサナー瞑想』（ローゼンバーグ、２００１）という本が、その原理や具体的な方法を、説得力を持って論理的に解説しています。

もっと簡単で手っ取り早く読みやすいものは、世界的に有名な僧でありマインドフルネスによる心の平穏を広めているティク・ナット・ハンのものがお勧めです（『ブッダの幸せの瞑想 第二版』ナット・ハン、2015)。ティク・ナット・ハンは、呼吸と共に今すぐに幸せを実感する方法を、分かりやすく教えてくれています。彼の講話や実践は、YouTubeなどにも多く上がっていますので、そちらを見てもいいでしょう。

マインドフルネス瞑想は、今やGoogleなどを始めとした多くの組織のメンタルヘルス対策でも取り入れられており、元々の思想となった宗教（仏教）とは離れた、心理学やメンタルヘルスに関する一つの大事な概念になってきています。もし自分で試してみたい場合は、前章で紹介した『コーピングのやさしい教科書：折れない心がメモ1枚でできる』にもわかりやすく解説されていますし、『マインドフルネス・ストレス低減法ワークブック』（スタール&ゴールドステイン、2013）などもお勧めの一冊です。

このマインドフルネスは、日々の生活で練習を重ねることによって、誰もが身に付けることができるもので、特別な能力や準備は不要です。例えば、すべての基本となる「マインドフルな呼吸」は、まさに「今この瞬間」の体験である呼吸に意識的な気づきを向ける取り組みです。自然な呼吸を続けながら、鼻や口に息が出たり入ったりする感覚、腹部の膨らむ感じやへこむ感じなどに意識的に注意を向けます。その間、意識が呼吸から逸れたことに気づいたら、それを認めてあげて、穏やかに注意を呼吸に戻すということを繰り返します。

その呼吸へのマインドフルネスに支えられて、「今ここ」の気づきを向ける対象を、身体の感覚、自分の中に湧く思考や感情、あるいは、飲食、歩行の一歩一歩、家事などの具体的体験などに広げていくのです。こうして、日常生活のほとんどの営みが、マインドフルネスの実践練習になり、「今この瞬間」にとどまり、「今の自分」をありのままに生きられるようになる時間が増えていきます。

その際、厄介なのは、自分の心が生み出す思考や感情で、特に、不安や怖れや怒りや嫌悪などネガティブなものです。ここで肝心なのは、それらについてことさら考えたり判断したり、抑圧したり戦ったりせず、自分とそれらの対象との「間」を取り、俯瞰した視点からあるがままに見てあげようとすることです。どんな考えも感情も自然に湧きあがり、自然に去っていきます。どんなに嫌で苦しい感情も雨や風と同じで、永続するということはあり得ません。心の中でそれらと戦い、それらを抹殺させようとすればするほど、かえってそれらの命が長らえてしまいます。だから、どうこうしようとせずに、ただその存在を眺めてあげ、それらが自然に開花し、自然に散ってゆくのに任せるのです。それが、苦悩に人生を支配されず、心の平静を保つ大きなかんどころになります。

ときに、空に浮かぶ雲や川面を流れる落ち葉にそれらを乗せて、自然に流れてゆくイメージを描いてみたり、「不安（が浮かんでいる）」「悲しみ（が湧いている）」「判断・批判（をしている）」などと、シンプルな言葉をつけてみたりすることも、「間」を取ってあるがままに眺めることを助けるでしょう。

また、マインドフルネス瞑想に、「慈悲の瞑想」を組み込むと、さらに効果が高いものになるかもしれません。慈悲の瞑想は、文字どおり「慈悲」の心を育てるための瞑想で、「私が幸せでありますように。私の悩み苦しみがなくなりますように。私の願いごとが叶えられますように。私に悟りの光が現れますように。私は幸せでありますように。」から始まって、主語を「私」から、「私の親しい人々（生命）」「生きとし生けるもの」（もし可能ならそれに「私の嫌いな人々（生命）」「私を嫌っている人々（生命）」も加える）に代えて唱えるという瞑想です。この「慈悲の瞑想」も、共感性、積極性、喜び、幸福感を高め、抑うつ感を減らす、などということが脳科学的に証明されています。

▼マインドフルネスを取り入れたカウンセリング・心理療法

最近ではこのマインドフルネスの考え方を生かしたカウンセリングや心理療法が、実証研究の裏付けを伴って多く開発されています。例えば、マインドフルネス・ストレス低減法、アクセプタンス・コミットメント・セラピー（ACT：Acceptance & Commitment Therapy）、弁証法的行動療法（DBT: Dialectical Behavior Therapy）や、既に紹介したコンパッション・セラピーなどです。いずれにも多かれ少なかれ、さまざまな形で、マインドフルネス瞑想の考え方やスキルが生かされています。マインドフルネス・ストレス低減法は、先ほど紹介した慈悲の瞑想や、ヨガなどの心身健康法が組み込まれた、セルフケアにもとても実用的な手法です。

また、ＡＣＴやＤＢＴはその開発者が自身の心の不調に苦しみ、苦悩の原因や、そこからの回復の方法を考え抜いた末のやり方ですので、私たちがなかなか苦しみから抜け出せないときに、とても参考になります。ただ、きちんとした専門書を読むのは大変ですので、まずは、例によって『ＡＣＴ（アクセプタンス&コミットメント・セラピー）をはじめる：セルフヘルプのためのワークブック』（ヘイズ＆スミス、2010）や、『弁証法的行動療法ワークブック：あなたの情動をコントロールするために』（スプラドリン、2009）など、自分で読んで試せるようなワークブックがお勧めです。

以下、ACTとDBTについて簡単に触れておきます。

まず、アクセプタンス・コミットメント・セラピー（ACT）は、自ら不安障害に苦しんだヘイズ（Hayes, S.）らによって開発されたものです。ACTは、私たち人間が自然に抱く不安や怖れなどのネガティブな感情や思考と、自分や現実を混同し同一化してしまうことが、私たちの苦悩を極端に増大させてしまうという観点から、

1. アクセプタンス……「意図（ウィリングネス）」を持って、「今、この瞬間」に「マインドフル」になり、嫌な感情や思考が湧き上がってきても、それらを変えよう、なくそうとするのではなく、自然現象を外から眺めるように「間」をとって観察し、そのあるがままを受け止める。

2. コミットメント……自分の生きがいや大切にしている価値や人生の目標をしっかりと認識し、それを羅針盤として、不安や怖れなどにとらわれず、その時点、その時点での行動を選択し積み重ねてゆく。

などの姿勢を身に付けてゆくことによって、人は「幸せ」に生きていけると考え、そのためのさまざまな練習方法を教えてくれています。

また、弁証法的行動療法（DBT）は、自ら境界性人格障害に長らく苦しんだリネハン（Linehan, M.）という心理学者によって確立された、感情のコントロールが特に難しい人たちのために高い効果が実証されている心理療法です。

私たちは苦痛な感情が起こったとき、その情動に圧倒され、その感情やそれにまつわる思考にとらわれてしまい、そのときどきの現実の出来事やありように目を向けたり、適切に対処したりすることが難しくなります。特に、元来、敏感で情動が高ぶりやすく、その回復に時間がかかるようなタイプの人が、自己中心的で感情的な親の元に育つと、自らの感情コントロールが相当に難しくなり、厄介な情動に支配された毎日を送らざるを得なくなってしまいます。リネハンが苦しんだ境界性人格障害というのは、それが極端になってしまい、自殺念慮や自分を傷つけることや、周囲の人を苦しめてしまうような態度や行動が顕著な人に付けられる診断名です。

DBTでは、マインドフルネスを中心としたさまざまな方法を組み合わせて、そのような人たちが心穏やかな日々を取り戻すことを可能にしました。例えば、抑うつや不安、苛立ち、怒りなどの自分が圧倒されるような情動への対応は、マインドフルネス瞑想とともに、第9章で触れたような、つらさを一時的にでも逸らし、状況をそれ以上悪化させないようなさまざまな対処スキルや、認知を再構成する方法や行動活性化療法などを組み合わせていきます。

また、感情に支配されてしまうと、どうしても対人関係が不安定になってしまいますから、その対応策として適切な自己表現（アサーション）の練習なども加わります。アサーションとは、自分も相手も尊重することを前提に、相手と適切にコミュニケーションを行うための表現や伝え方です。対人関係に苦しむ人が適切な自己表現のやり方を練習していくと、自分の人生を自分でコントロールできるという感覚が強まり、幸福感が高まる可能性があります（このアサーションに興味がある人は、『図解 自分の気持ちをきちんと〈伝える〉技術：人間関係がラクになる自己カウンセリングのすすめ』（平木、2007）や『改訂版 アサーショントレーニング：さわやかな〈自己表現〉のために』（平木、2009）などの本を読んでみてください）。

さらにDBTでは、そのような自分の苦悩や情動と適切に付き合えるようになる練習や、現実生活場面での困難や不安を減らすための新たな行動パターンやスキルの練習などに加えて、変わりたいけれど変われないという今の自分のありよう、つまり、あるがままの今の自分をも積極的に受容してゆく態度も同時に大切にします。これは第8章で述べた考え方とおおいに関連します。このように、多面的な支援を行うことで、長らく苦悩を抱えてきた人が、幸せな人生に開かれるようになることを見据えているのです。先に紹介した、『弁証法的行動療法ワークブック：あなたの情動をコントロールするために』では、以上のようなDBTの基本的な考え方が分かりやすく解説されていると共に、自分でできる練習方法がいろいろ載っていますので、自分の感情に振り回されて、ままならない人生を送っている人は是非、読んでみてください。

以上のマインドフルネスを中心にした、あるいは一部に組み込んだアプローチは、私たちがたとえどんな「不安」や「苦悩」、「困難」を抱えていたとしても、「今この瞬間」に十分に開かれ、この瞬間を生きようとすることで、心の平安を回復し、豊かで幸せな人生に近づけるという東洋の智慧に支えられた明確な方向性を持っています。そうやって、私たち一人ひとりが、自分の不安や苦悩、あるいは、怒りや不機嫌などにうまく対応できるようになり、心の平穏を取り戻し、自分を慈しめるようになると、それは、他者への思いやり、人々の共存・共栄、世界平和、ひいてはすべての生きとし生けるものへの慈愛につながっていくのです。

なぜなら、個人や家族での出来事はもちろん、政治、経済活動、国同士の対立に至るまで、この世の中のほとんどの出来事は、人々の感情や機嫌で動いているからです。先ほど紹介したティク・ナット・ハンは、「マインドフルな歩みとマインドフルな呼吸のひとつひとつは、今ここの瞬間に平安をもたらし、戦争をなくすことにつながる。もし、私たちひとりひとりの意識が変わったら、人類全体の意識を変えるだろう」と述べています（ナット・ハン、２０１５）。

このようにマインドフルネス瞑想は、私たちが本当に困ったときに味方になってくれる、とても役に立つものですが、他の方法と同様に、合う合わないがまったくないということではありません。この考え方は、自分へのこだわりとか、自分というアイデンティティへの執着から離れるという方向性を持っていますので、自分が有名になりたいとか、ひとかどの人になりたいとか、何かを獲得したい、所有したいという気持ちが強い人や、そんな気持ちが強い時期には、自分の中で矛盾や迷いが出てくるかもしれません。また、知的な理解というよりも体験的、直観的な理解であり、さらに、結果を求めないところに結果がついてくるような逆説的なところがありますので、この辺りのかんどころをつかむのも、少し難しいかもしれません。

もちろん、自分へのこだわりや何かを成し遂げたいという想いは、それ自体、大切なことでもありますし、それぞれの人の生き方です。それで幸せを実感し、幸せに生きることができていれば、問題ないのです。ただ、そのこだわりが、生きる苦しみをかえって深刻にしてしまっているとすれば、マインドフルネスの考え方がきっと助けになってくれます。特に、これまでの長い苦悩の経験がある人であればあるほど、いったんそのかんどころをつかみさえすれば、確実に自分の新たな、そして力強い味方になってくれるはずです。

こころとからだ

これまで、私たち自身が、過去や未来への不安や心配から心を「今ここ」に戻し、それをしっかりと体験し、味わい、その価値や幸せに気づくことが、苦悩からの癒しにつながるということをお話しししました。

そこには、私たちは生まれながらに満ち満ちた「生命力」や「気」にあふれて生まれてくる。それは、森羅万象のさまざまなめぐり合わせが整った結果の奇跡的なことで、だからそれだけで無条件に存在価値がある。したがって、私たち本来が持っている生命力や気を回復することが癒しや幸せにほかならないという前提があります。

新生児は生命力にあふれ、気に満ち満ちています。また、この世をはかなんで生まれてくる人は誰一人いません。物心がつくかつかないかの子ども時代、私たちは毎日を生き生きと過ごしていたはずです。その意味で、私たちは「幸せ」をデフォルトとして生まれてきたとも言えます。

しかし、私たちは「大人」になるために、「社会」に適応するために、「いい生活」を送るために、そのためのさまざまなリスクや不安を減らして安心を確実にするために、心を操作して我慢したり、情報を追い求めたり、周囲に合わせたり、不安になったり、怖れたりしたりして、先の困難を予期し対処することを習慣化し、逆に自分を追い詰めてしまいます。そのようなことがとても多く起こっています。それを可能にしているのは、「心」と「言葉」による「思考」や「論理」、「判断」です。

ですから、その癒しには、あれこれ考えて心の修正や操作から入るよりも、いのちの源泉である呼吸や身体への意識から入るほうが、うまくいく場合も多いのです。マインドフルネス瞑想もその一環ですが、身体へのアプローチを通じて、本来の生き生きとした「生命力」や「気」を回復する、すなわち癒しや幸せに近づくための方法はいろいろあります。

例えば、ヨガや気功なども、本来、普段とは違う身体の使い方をしてみることを通じて、あるがままのリラックスを身につけ、自分へのこだわりや心の執着から離れていくことを目指しています。どちらも共通して、身体を通じて「本当の自分」に出会うことで、「気（エネルギー）」に満ちて、幸せになれるという考え方に根ざしています。

そのことをイメージして、ヨガや気功などをやってみると、自分を助けてくれる一つの方法になるかもしれません。まずは、その考え方ややり方などを分かりやすく教えてくれる本や映像などを見つけて、自分の苦しみが少しでも楽になりそうかを試してみるのがいいでしょう。例えば、『いのちの力：気とヨーガの教え』（望月、2004）『いのちのヨーガ』（望月、2007）や、『快脳気功：意識を変える、体を変える』（津村、1998）などは、どちらも、ヨガや気功の分かりやすい解説のみならず、私たちを幸せの新しい次元に招き入れてくれます。特に、長年来の心の苦しみを抱えている人は、是非、読んでみる価値があると思います。

『いのちの力：気とヨーガの教え』によると、私たちが考える自分や現実や世界は、すべて私たち自身の心の作用の産物であり、苦悩もそこから生じるといいます。苦悩を超えるためには、呼吸を始めとする今起きている出来事の一瞬一瞬を心に刻むこと、瞑想により「本当の自分」、すなわち今、心と体がしていることを離れたところから見ており、自分の行ったことや生み出したものに巻き込まれることのない「自己」に気づくこと、心身の深いリラックスを通じて宇宙の無限の力や、現実の心や身体を超えた根源の存在とつながること、などがその秘訣です。静かに自分と向き合いながら無理なくヨーガのポーズをとることが、心身の深いリラックスを容易にしてくれ、心の中が平和で幸せな想念に満ち、新たな幸せな世界が開けていきます。とりわけ、絶望的で八方ふさがりの状況こそが、逆に自分の心を解き放ち、「本当の自分」に目覚めるチャンス、幸せになれるチャンスでもあります。

『快脳気功：意識を変える、からだを変える』によれば、私たちの身体には、森羅万象の「気」が流れ込んでは、流れ出ています。それが、秩序立って集まったものが、私たちの生命力でありエネルギーです。この「気」が集まれば、生き生きとしたエネルギーに満ち、私たちが死ぬときには、その「気」が散じます。この「気」は、心と体がリラックスして「今ここ」に集中しているときに最大になります。しかし、心は簡単に時空を超え、過去や未来の心配や怖れに引き寄せられてしまいます。それにより、心も体も緊張し「気」は弱まります。

特に、文化や社会の影響で、私たちはその緊張の体系や不安や心配の癖を習慣づけ、日常的にわざわざ楽しめない心、楽しめない体をつくってしまっています。その意味では、自らを追い込んだり、我慢を重ねて努力したりすることは、緊張の体系や癖を強めてしまうことになり、幸せからは遠ざかる活動になります。親のしつけや学校教育もその大きな要因だといいます。

気功は、非日常的な体の動きやその繰り返しを通じて、その自分を縛ってきた緊張体系や習慣を解き、リラックスできるようになることで、「気」エネルギーを高め、今のあるがままのありようや、自分を取り巻く森羅万象との関係を享受し、本来の生き生きとした自分を回復させてくれます。言いかえれば、気功は、「自分と仲良く」し、「人と仲良く」し、「自然と仲良く」することを通じて、私たちを幸せにしてくれるのです。

参考までに、精神科的な病気や不調も含めて、生きる苦しみを長らく抱えてきている人には、前章でも触れましたが『心身養生のコツ』という本がとてもお勧めです。多くの患者を支えてきた精神科医の神田橋條治先生によるもので、「気持ちがいい」という自分の感じを頼りに、自分の持ち味を大切にして、本来持っている自然治癒力やいのちの力を発揮するための、自分でできる気功や整体、邪気（苦しみ）を癒す方法、そのほか、さまざまな日常生活上で大切なことなどについて、分かりやすく書かれています。是非、読んでみてください。

スピリチュアリティの癒し

このあたりからは、もしかしたら皆さんが少し面食らう話になってきているかもしれません。それは、私たちが通常思っているのとは違う次元に「癒し」や「幸せ」があり、生命力や気の源泉がある。自我や個を超えたところに「本当の自分」がある。「本当の自分」は超自然的に存在し叡智に溢れており、その「本当の自分」にアクセスすれば、現実が変わり、幸せに近づけるなどといった考え方です。この「本当の自分」というのは、それぞれの立場によって、魂、真我、真意識、仏性、聖霊などと呼ばれていたりして、「光」や「愛」などがそのシンボルとして語られることもあります。一般的に、スピリチュアリティなどと呼ばれる「癒し」や「幸せ」の次元です。

この領域には、霊性、宗教的、聖なるもの、神や仏、祈り、魂、輪廻転生（生まれ変わり）、この世と前世や来世とのつながり、あるいは先ほど述べた「気」や「波動（振動数）」など、論理的思考での理解を超えるものが豊かに広がっています。科学的とは言いがたいものではありますが、かつて、ＷＨＯ（世界保健機構）では、従来の健康の定義（体の健康、精神的な健康、社会的な健康）に、「スピリチュアルの健康」を加えるべきという提言がなされたこともありますし、精神医学のグローバルな診断基準であるＤＳＭ－Ⅳには、「宗教的あるいはスピリチュアルな問題」という分類が加えられています（American Psychiatric Association, 1994）。

また、特に日本の場合は、古からそのような霊性や魂は、人間だけでなく動物や植物など生きとし生けるもの、さらには物質的なものも含めた森羅万象に宿るとする思想があります。ですから、身近な自然を敬い、自然と共存するといった精神性も、私たちの幸せや癒しにつながるスピリチュアリティの一種としてとらえられると思います。

もっとも、この領域に関しては、専門書レベルのものから、一般向けの自己啓発書、そしてインターネットやＳＮＳなどにも数多くの情報があげられています。まさに、玉石混交ですが、それだけ多くの人が「癒し」や「変容」を求めているのでしょう。そこには、できるだけ負担なく、楽に、早く、苦しみや不幸から逃れたい、安心したい、幸せになりたい、というごくごく当たり前の想いが、込められているのだと思います。

一息一息に注意深くなるだけで「幸せ」に近づけるとするマインドフルネス瞑想も、多かれ少なかれそのような超自然的な智慧を前提としています。そもそも、スピリチュアルの語源は、ラテン語の「息」であり、ヨガや気功では「呼吸」が生命力や気の主要なチャンネルとされています。

この「気」や「波動（振動数）」などという考え方も、その存在やどんなふうに作用するのかがまだ十分には明らかにはなっていません。でも、苦しんでいる相手や部位に「気」を送ることによって苦しみが緩和されるのは事実ですし、場合によっては、遠く離れている人に「気」を送ることでその人が癒されることもあります。

実際、相手や自分の心身の苦痛に、手を当てたり手をかざしてあげることで痛みが緩和されたり、癒されたりする体験はほとんどの人が持っていると思います。この「気」の作用を心身の治療法として確立させたものの一つが「レイキ療法」です。この「レイキ」は日本発祥のものですが、今や日本よりも米国においてはるかに知名度が高い癒しの方法です。実際にレイキを受けてみると、患部が物理的条件を超えて暖かくなり、体や心が生き生きとしてくるのが感じられたりします。このレイキにも、遠隔治療や遠隔の祈りなどの方法があります。ほかにも、手当てや手かざしの癒しの力を踏まえた支援法は、セラピューティック・タッチやタッピング・タッチなども知られています。

米国国立衛生研究所では、以上のレイキやヒーリングタッチなどのエネルギー医療や、瞑想、ヨガ、気功、太極拳などに関して、心、体および精神（スピリチュアル）を総合的に考える統合医療や代替医療の一環として、重点的な研究が行われています。

波動や振動数への着目という意味では、人間を始め、森羅万象の個々はそれぞれに固有の波動（振動数）を持っているという観点から、その波動（振動数）に働きかけることによって、癒しや治療が可能になるという考え方があります。その方法も、同じ振動数を持ち共鳴する媒体を使う方法や、病や不調部分の出す波動を相殺するような波動を出すものを活用する方法など、いくつかあるようです。

具体的な治療法の例をいくつか挙げると、ドイツ振動医学のバイオレゾナンス（生体共鳴）療法は、からだを流れる生命エネルギー（気）の波動には、それぞれの器官、組織、働きなどにより固有の周波数（振動数）があり、そのエネルギーの流れが悪くなると健康が損なわれるという前提から、その滞りと同じ周波数を当てることで共鳴現象が起こり、「気」が再び活発に流れ、健康を取り戻すというものです。もし、興味があれば、YouTubeでもこの効果を狙った音源が無料公開されています。

また、フラワーエッセンスと呼ばれる、それぞれの花が持つ波動エネルギーを、水やアルコールに転写したものを、飲んだり肌につけたりすることによって、対応するさまざまな感情の不調を癒すという方法もあります。人が病気や不調になるのは、その人が自分らしく生きていないためと考え、人を癒すことに生涯をかけたエドワード・バッチという医師によるバッチフラワーレメディがお勧めです。関心があれば、『バッチフラワーＢＯＯＫ：38種・花のエッセンスが心をいやす』（白石、２００６）などを読んでみてください。

ヒーリングのための音楽や音源なども、波動や周波数を使った癒し作用が基本です。特に、人間の聴覚では感知できない高い周波数の超音波を含む音が脳を活性化させ、心身全体の働きを高めるという効果は、ハイパーソニック効果と呼ばれ、脳科学的研究による実証過程にあります。この超音波は、川を流れる水の音や、木々や葉を揺らす風の音などの自然音にも広く含まれているといいます。自然に癒される感覚は誰もがなじみのあるものですが、このような作用も助けになっています。

倍音声明と呼ばれる発声を用いた瞑想法も、癒し効果が高いとされています。これは、集団でウ・オ・ア・エ・イの母音を低く長発声し、その際に、各母音に対応する性器、臍、胸、のど、額などのチャクラに響かせることを意識集中して行うというものです。そうすると、パイプオルガンやフルート、天国的な音や天使の声などの超越的な音が聞こえてきたりして幸福感に包まれ、生き生きとしたエネルギーを回復できるそうです（成瀬、2010）。

声の力によって心身が変容し、浄土の姿、阿弥陀の姿を見て、長年の絶望感から癒されたのが「専修念仏」を唱えた法然です。その口称念仏をヒントに着想された「ありがとう禅」では、「ありがとう」という言葉を、深い横隔膜呼吸に合わせてゆっくりと発声する、それを集団で行った場合、先ほどの倍音声明に類似したハイパーソニック効果が起こり、多くの人が涙を流し始め、やはり、その場にはない音が聞こえてくるそうです。さらに、「ありがとう」という感謝の言霊の力も加わり、自分の意識が変容し、現実生活における不安が減ったり、対人関係が改善されたりするといいます（町田、2018）。

さて、これまでも「言葉」や「言霊」の持つ力についてもは何度も触れてきましたが、「良い言葉」を使うことを心がけると、それだけで幸せになれるという考え方は、一般向けの自己啓発書ではとてもポピュラーです。

例えば、『斎藤一人の唱えるだけで運気があがる「天国言葉」』（齋藤、2009）という本によれば、「ついてる」「愛してます」「嬉しい」「楽しい」「感謝してます」「幸せです」「ありがとう」「許します」などといった言葉を繰り返し口ずさむと、「気」が良くなり「振動数」が高まり、誰もが必ず成功し、幸せになれると言います。著者で実業家の斎藤一人さんという方は、このほかにも幸せになるための著書を多く書いており、YouTubeでも講演などが無料でアップされています。

関連して、優れた実業家の人生哲学には、おしなべて私たちの幸せに役立つ共通する側面があるようです。例えば、松下電器産業（現・パナソニック）の創業者である松下幸之助さんには、物事や置かれた状況のポジティブな側面を常に見ようとすること、そして、絶えず生成発展する宇宙の営み、法則、偉大な力やその本質を踏まえ活用することが、私たちの幸せに不可欠であるという基本的な姿勢があります（松下幸之助.com）。同じく京セラや第二電電（現・ＫＤＤＩ）の創業者で、日本航空の会長に無報酬で就任し深刻な経営危機を立て直した稲盛和夫さんは、幸せな人生のために、「宇宙の意志」と調和する心、愛と誠と調和の心、素直な心、常に謙虚であること、感謝の気持ちを持ち、常に明るく、などの日常生活上の心がけの大切さを唱えています（稲盛和夫OFFICIAL SITE）。

言いかえれば、スピリチュアルな次元の癒しや幸せと、日常生活において良しとされる心がけは、密接な関係にあり、私たちは「幸せ」を呼び寄せるような日々の行動の習慣によって、誰もが「幸せ」に近づけるということでもあります。

それらの心がけを集約すると、

「自分は幸せ」などのポジティブな言葉や、「ありがとう」などの感謝の言葉を口にする、繰り返す。

逆に、ネガティブな言葉や愚痴はなるべく口にしない。

不安が湧いてきたら「大丈夫」とか、「良い前触れ」とか、自分に声かけする。

笑顔を作り、笑顔を心がけるようにする。

できるだけ不機嫌にならない。

世の中の嫌なことよりも、日々の恵まれていること、ありがたいことを見るようにする。その日にあった「いいこと」を毎日、心に刻む、書き留める。

他の人が喜び、助かるような振る舞いを増やす。

誰かのために祈る。

嫌なことや苦しいことが起こったら、自分の魂（たましい）を磨き、本当の自分に出会え、幸せになるチャンスととらえる。

ワクワクすることや面白そうなことを躊躇せずやってみる。

多少のリスクや変化にチャレンジする。

早寝早起きなど生活習慣を大切にする。

バランスのいい食事を摂る。

定期的に体を動かす。

など、挙げたらきりがありませんが、やってみれば、落ちている「気」が確実に上がりますので、たかがそんなことと侮らずに、続けてみる価値がおおいにあります。

実際、長年、専門的なカウンセリングを受けてきてもあまり幸せを感じられなかった人が、「私は幸せ、ありがとう」という言葉を口癖にし始めたことがきっかけとなって、新たな人生に開かれていったというケースもあります。

そのような行動や心がけが習慣になることで、幸せの雰囲気がその人に徐々にまとい、その雰囲気に合った人や物事が、共鳴して引き寄せられるということも少なくないようです。逆に、自分とは「気」や「波長」が合わない人や、離れるべき人とは縁が切れていくこともあります。すべて、変えるのは自分の日常の言動だけです。人を変えようとする必要はありません。ともかくしばらくやってみれば、その効果はわかると思います。そもそも幸せに生きている人は、日常の良い心がけが日々の習慣になっており、それが自分の幸せをかたち作っているのです。

この章でお話ししたことには、なかなか証明することが難しい不思議な現象が多く含まれています。これに対しては、現在、科学的な実証や論考の試みがさまざまなされています。もし興味があれば、例えば『身心変容の科学〜瞑想の科学：マインドフルネスの脳科学から、共鳴する身体知まで、瞑想を科学する試み』（鎌田、２０１７）という本を読んでみてください。少し難しい内容も含まれていますが、国からの研究費によるアカデミックな研究の成果が紹介されており、とても参考になると思います。

といっても、スピリチュアルの領域は、まだまだ不確かで知的な理解や納得が難しい領域です。当然ながら、敬遠したり、訝しげに思ったり、否定したり非難したりする専門家も少なくありません。でも、そのような超自然的な現象をある程度は想定したほうが、私たちが癒しや幸せに近づける可能性が高まると思います。

この世の中には科学的に解明されていない、つまり、現時点の私たちの知識や言葉を用いて論理的に説明できないことは山ほどありますし、もし、私たちが本当に苦しいときに、森羅万象のさまざまな力が自分を支え、見守ってくれていると思えれば、日々の困難を生きる勇気や意欲が支えられるでしょう。実際のところ、超越的な何かを信じて、日々を乗り切っている人はたくさんいますし、小さい頃から生きる苦しみを抱えてきた人は、なかなかほかの人との癒しの関係が持ちづらいことが多いので、そんな超越的な存在がおおいに助けになると思います。

また、心理療法の専門家による伝統的な心理療法は、少なくともある程度の時間や労力がかかることが普通ですが、スピリチュアルの領域での癒しや変容は、比較的、労力が少なく、しかも早期に実感できることも少なくありません。できるだけ楽に、早く、苦しみや不幸から逃れたい、幸せになりたい、という苦境の最中にある人たちのごくごく当たり前の想いが、叶えられる可能性があるのです。

ただし、ここでもやはり注意すべきことがあります。それだけひかれやすくパワーがある方法ですので、スピリチュアリティや超自然的な現象にはまって、それを盲目的に信じ込むことがずっと続いたり、万事がいわば「神頼み」のようになってしまったり、あるいは、何か超越的な力を持ったと錯覚したりして、自分の人生を自分自身が責任を持って歩めなくなる危険性が多分にあります。特に、家族や周囲との関係、仕事や学校、家事や雑事などのルーティーンや日々の現実がおろそかになり、良くない方向に進んでしまう場合は要注意です。しばしばあるのは、あたかも「スピリチュアル的」な体験をきっかけに、特定の思想や集団に「執着」してしまい、周囲や家族はもちろん、自分をも不幸に追い込んでしまうということでしょう。その破壊的な危険性は、報道などを通じて多くの人が知るところです。

専門家のこの領域への懐疑や否定は、単に実証性の問題だけでなく、「癒し」や「幸せ」を求めるあまり、現実が見えなくなり、そんな不幸に陥ってしまうことへの懸念もとても大きな理由です。

私たちは現実生活を生きなければなりません。現実のリアリティに目をつむって幸せに生きることはできません。そして、自分の人生の幸せは自分でつかむものです。スピリチュアルな領域にそのほとんどを明け渡してしまっては本末転倒です。

たいていは、この領域の考え方によって支えられ、苦悩が軽くなると、逆にその発想からは距離が取れるようになり、雑事やルーティーン主調の現実的な生活が充実してきます。そして、スピリチュアル的な助けを必要なときに必要な程度、バランスよく使いこなせるようになります。また、見る側にも安心や幸せをもたらすような表情や雰囲気になってくるのが普通です。

参考までに、専門的な心理療法でも、個人のレベルを超えた心の深層や、いわば魂の次元を重視しているものがないわけではありません。例えば、日本では比較的ポピュラーなユング派の心理療法などもその一つで、そのような深い次元にアクセスすることが自己実現や個性化のための鍵と考えます。ただし、大きな違いは、その創造的な側面や癒しの側面だけでなく、暗く破壊的で危険な側面をも、ある意味、宿命的な重いものとしてとらえており、比較的長い間、決して楽ではない痛みを伴う分析を続けることによって初めて、各人の人生に豊かに統合される可能性を見据えているといった点です。皆さんが、ユング派に則った心理療法を受けるのであれば、少なくともその覚悟や選択、自己決定があったほうがいいと思いますので、カウンセラーの考え方と方針をよく聞いてみてください。

また、自己を超えたおおいなるものとのつながりや絆を重視して、人間の成長や可能性、幸せを考えるトランスパーソナル心理学も、スピリチュアリティとは切っても切りはなせません。トランスパーソナル心理学は、精神分析（第7章に関連）、人間性心理学（第8章に関連）、行動主義（第9章に関連）を超える、より高次の第4の心理学として提唱され、個を超える領域や、西洋科学と東洋思想の精神的統合を重視する心理学や心理療法です。

実は、あるがままの自分を生きていくことが幸せの道と考え、カウンセリングの父とも称されるロジャーズも、後年には、宇宙に深く根ざしているような深淵な力や、超越的でスピリチュアルな次元を重視するようになっていったのです。

いずれにせよ、スピリチュアルな次元に支えられ、恩恵を受けるのは、ままならないことも少なからずある日々の現実を、寿命尽きるまで引き受けて生きる覚悟がある人です。そして、繰り返しになりますが、どんな方法も一長一短で、常に正しい方法というものはありません。ある特定の方法ばかりにこだわるようになり、そのときどきの自在さが失われ、長いこと同じパターンが続いてしまう場合は、いったん立ち止まって考えてみるタイミングなのです。

おわりに

第Ⅳ部では、私たちが幸せになるために役立つ専門的なカウンセリングの考え方を少しでも分かりやすく紹介し、さまざまな日常的な生きる知恵や心がけなどもそこに組み込みながら、心苦しむ方に少しでも役に立つようにという想いを込めてお話ししてきました。もちろん、私のこれまでのカウンセラーとしての経験や個人的な体験を踏まえてのものですので、限界がありますし、チャレンジングな内容も含まれています。

ただ、どうしてもお伝えしたかったことは、私たちがそう願いさえすれば、幸せに心安らかに生きる方法は必ずあるということと、ただし、そのための方法は人によって、そのときどきによって異なり、絶対的な方法はないということです。

専門的に効果があるとされるカウンセリングでも、それぞれが目指す幸せの方向性や、その手段がさまざまであることもお分かりになったと思います。例えば、ありのままの自分、あるがままの自分を大切にすることを幸せへの道とみなす考え方でも、それを大切な人との絆や共感的関係の中で育もうとするのか、自分の中の記憶やイメージを用いるのか、森羅万象の一部の自分の身体や生命力の尊さを実感することを重視するのか、などのやり方の違いがあります。

また、過去のトラウマや不快な記憶への対処や変容の方法も、意識下で「悪さ」を働く心のからくりを、言葉の論理を頼りに、しっかりと見て、しっかりと分析して対処しようというやり方もあれば、なるべくそのことばかりに気を取られないような気晴らしや気逸らしを推奨する立場、あるいは、それを俯瞰するところから見てあげることを通じて、自分がそれに巻き込まれないようにする方法、さらには超越的なもの、おおいなるものとのつながりを重視する方法などもありました。

さらには、日々の現実的なレベルで幸せに近づこうとするやり方もあれば、魂の次元など心の深みに降りていくことが幸せへの近道とする考え方もあり、その心の深みへのアクセスの仕方も、ゆっくりと一歩一歩長い時間をかけていく方法や、何らかのチャンネルを通じて次元を超えようとする方法などもありました。

さまざまな癒しの方法のどれを選んだらいいのかは、押しなべて、自分の個性や好みと、自分の苦しみの成り立ちやそのありよう、そして、今の自分の置かれた状況によります。常に正しい方法というのはありませんし、専門的なセラピーなどよりも、散歩や居眠りや、カラオケやバラエティ番組や、「ありがとう」の言葉や、道端の花や樹木や、鳥のさえずりや、そよぐ風や、夜空の星月との出会いのほうが、あなたの力になる場合も少なくないのです。

苦しいときに本当に助けとなる専門家とは、あなたの好みや考え方や目指すところをできるだけ尊重し理解したうえで、どんな知恵や方法やかかわりが、できるだけ負担のないやり方で今のあなたに役に立つのかを、自分の意見も持ちながらも一緒に考えようとしてくれる人です。

私たちは苦しむために生まれてきたのではありません。幸せになるために生まれてきたのです。縁あってこの世に生を受けた私たちは、ただ、自分のいのちの力にしたがって存在し、生きていくこと自体に幸せの根本があるはずです。そして、「幸せ」は私たちの置かれた境遇、地位とか、物質的豊かさとか、学歴とか、知名度とかには宿らず、私たちの日々の行動と生活習慣、そして物事の受け止め方の中に宿ります。

だからこそ、今まで自分を嫌い続け、自分を損ね続けてきた人でも、自分の力で必ず幸せになれます。今まで、人生に苦悶し、自分を損ねてきたのも自分の内なるエネルギーのありようです。あなたが幸せに生きることを覚悟し、具体的な行動と共に新たな習慣を築いていくことで、自分を苦しめていたたくさんのエネルギーが、今度は自分を幸せにするために使えるようになっていきます。受け入れ難かった自分や周囲の人と、共に生き、共に幸せになるためのエネルギーに変容していくのです。

皆さんの苦しみが和らぎ、静かな幸せとともに過ごせますよう。

あとがきに代えて

この本は、私のカウンセラーとしての体験を踏まえて、今を生きるのが苦しい子どもたちや家族が、少しでも幸せに近づくことを願って書かせていただいたものです。そんなひとりよがりの想いを汲んでいただき、ともすればチャレンジングな内容にも、常に温かい励ましをいただいた金子書房の岩城亮太郎さんのお力添えなくしては、本書がこうして世に出ることはありませんでした。岩城さんに心からお礼を申し上げます。

本書は、そんな子どもたちやご家族との出会いがよりどころとなっています。もし、読者の皆さんが、ご自分にとって、あるいは、気にかける大切な人のために、何らかの光明を見出せたとしたら、それは私が出会ってきた皆さんの力によるものです。

最後になりますが、臨床の現場で子どもたちに伝えてきたメッセージの一つを、あとがきに代えさせていただきます。

「おかあさん、おとうさんのことで苦労しているきみたちへ」

友達みんなが学校で楽しそうにしているなかで、ひとり心が晴れない毎日を過ごすのは、ほんと楽じゃないよね。
夕暮れの学校帰り、通りすがりの家の団欒の声に、うちがこうだったらな、ああだったらなって、涙があふれてきたこともあったね。家にも学校にも、ほっとできるところがなくて、冬の寒い公園で一日を過ごしたこともあった。

きみは、そんな自分の淋しさやつらさを向こうに追いやって、おかあさんのこと、おとうさんのこと、小さな弟や妹のことを気遣ってあげて、毎日毎日がんばってきた。でも、そんなあなたの想いに、おかあさんやおとうさんは、気づかなかったり、応えられなかったりもしたね。逆に、ちょっとしたことでいっぱい怒られたりして、もっとつらくなっちゃったり、追いつめられちゃったりもした。きみはそれで自分のことをダメだって思っちゃったりもする。

あのね、おかあさん、おとうさんにもいろいろ難しい事情があって、それで苦しい毎日を送っていると、自分たちのことで精いっぱいで、かけがえのないきみを可愛いって思ったり、大事にしたりできなくなっちゃう。特にきみが小さいときにそんな事情が重なると、きみの背負う荷物が、そうでない人たちよりも重くなっちゃうことがあるんだ。よく、人はみんな誰もが苦労してるって言うけど、その重さは、おかあさんやおとうさんから大切に育てられた人とはやっぱり違う。
学校でもいろいろがんばってるのに、周りの友達となんだかうまくいかなくなっちゃってることはないかい？　おかあさん、おとうさんにあんまり甘えられなかったり、逆にしっかりしなさいって言われていたりすると、その分、よけいに人から褒められたい、認められたい、誰かから優しくされたいって思うよね。だけど、子どもの頃は、明るく元気な友だちを中心にみんなの輪が作られ、そんな子は先生からも評価され褒められるのが普通。だからきみは、そんな子をすごくうらやましく思ったり、強くがんばっちゃったり、すねちゃったり、なんだか嫌になっちゃったり、憎らしく思っちゃったりしてるかもしれない。ときに、悪口や陰口を言って孤立しちゃったり、いじめられちゃったりしてるかもしれない。

そんなふうに、ほんとはみんなに好かれたい、ほめられたい、仲良くやりたいっていうきみの気持ちとは反対の状況になっちゃったりすることも多いんだ。おうちのことで、たくさん淋しい想いをしているのに、学校でもひとりぼっちになっちゃったら本当に悲しくてつらいことだね。

でもね、それはきみのせいじゃない。優しくされたい、好かれたい、みんなで仲良く過ごしたいって願っているきみが、家でも学校でも、きみのできる精いっぱいのやり方でやってるんだからそれでいい。今はうまくいかないけどそれでいい。そんな自分のことを引け目に思わなくていい。

それから、これも覚えておいて。困って苦しんでいる人を見過ごせないっていう人は結構いる。きみの優しさと気遣いとがんばりをわかってくれて、応援してくれる人はどこかに必ずいる。養護の先生や相談の先生かもしれないし、給食のおばちゃんかもしれない。いとこのおねえさんや親戚のおばちゃんかもしれないし、公園を散歩しているおじいちゃんかもしれない。だから、頼れそうな人を見つけて、話しかけてみてもいい。人間は神さまじゃないから全部は頼れなくても、きみが少しでもほっとしたりすれば、もうけものだ。

もし、そんな人が見つからないとか、いないって思うなら、それはそれで大丈夫。そういうきみにはそもそも地力がある。そして、誰かの代わりに、樹木や草花や、夜空の月や星に支えられ、生きる苦しみを癒されている人もいっぱいいる。

それと、自分の好きなこと心ひかれることを、とにかく続けるんだ。そのことを想うと、それをやると、なんだかワクワクしたり、沈んだ気持ちがちょっと忘れられるようなものだととてもいいけど、恥ずかしくて人に言えないことでも何でもかまわない。人がどう思ったって、誰も自分に代わって生きてはくれないし、幸せになるのは自分。そして、そのことに関係する言葉をたくさん集めるんだ。それが自分の居場所を作ってくれ、自分を守ってくれ、自分の世界を作ってくれる。

それから、祈ろう。「神さま、私を見守ってください」って。でも、それだけじゃ、きみの持つ素敵な力が十分生かされないことがある。ちょっと気持ちに余裕があるときには、「神さま、私を見守ってくださってありがとう」ってお礼を言うんだ。もし、神さまがイメージできなかったら、近くの公園などの大きな木を一本見つけて、それに祈ろう。夜空のお月さまやお星さまでもいい。祈りは通じる。

いいかい、きみは苦しむために生まれてきたんじゃないんだ。楽しいとか、嬉しいとか、素敵だなとかっていう気持ちをいっぱい感じるために生まれてきたんだ。とにかく、今はそう思えないかもしれないけど、「この世に生まれてきてよかった」って、ふと思うような時間を少しずつ集めていくんだ。

自分の心ひかれることを大事にして、そんな小さな時間を集めていると、ほかでもない自分ならではの幸せの道に開かれる。きみが幸せになるって決めれば、必ずそうなる。それは大勢の人が描く幸せのかたちとは、おそらく違うものだ。

きみがいったんその道を歩み出すと、苦しいことや淋しいことが多かったこれまでの日々が、今度は光となってきみの豊かな幸せを輝かせてくれる。

きみの幸せと安らぎを心から祈ります。

令和2年9月

藤田博康

斎藤一人　2009　斎藤一人の唱えるだけで運気が上がる「天国言葉」　主婦の友社
セリグマン，M.　宇野カオリ監訳　2014　ポジティブ心理学の挑戦 ――“幸福”から“持続的幸福”へ　ディスカヴァー・トゥエンティワン
白石由利奈　2006　バッチフラワーBOOK ―― 38種・花のエッセンスが心をいやす　小学館
スプラドリン，S. E.　斎藤富由起監訳　2009　弁証法的行動療法ワークブック ―― あなたの情動をコントロールするために　金剛出版
スタール，B. & ゴールドステイン，E.　家接哲次訳　2013　マインドフルネス・ストレス低減法ワークブック　金剛出版
スマナサーラ，A.　2018　慈悲の瞑想［フルバージョン］―― 人生を開花させる慈しみ　サンガ
スウェーリング，L. & レザー，R.　三上明日香訳　2015　HAPPINESS IS... 幸せを感じる500のこと　文響社
津村喬　1998　快脳気功 ―― 意識を変える、からだを変える　サンマーク出版
ウィルバー，K.　松永太郎訳　2008　インテグラル・スピリチュアリティ　春秋社

（URL等は執筆時のものです。）

※本書の第2章は「連載　親の離婚と子どもたちのレジリエンス」『児童心理』2017年5～7月号（金子書房）を改訂したもの、第6章は「自分を大事に思えない子、愛せない子」『児童心理』2016年3月号（金子書房）を大幅に改訂したものです。

年度）

厚生労働省　2014　厚生労働白書

厚生労働省　2020　令和元年版自殺対策白書

厚生労働省　うつ病の認知療法・認知行動療法（患者さんのための資料）
https://www.mhlw.go.jp/bunya/shougaihoken/kokoro/dl/04.pdf

クリーガー，D.　上野圭一監訳　浅田仁子訳　2006　ヒーリング・パワー――独習セラピューティック・タッチ　春秋社

町田宗鳳　2018　「ありがとう禅」が世界を変える　春秋社

松下幸之助　松下幸之助オフィシャルウェブサイト
松下幸之助.com　https://konosuke-matsushita.com/

望月勇　2004　いのちの力――気とヨーガの教え　平凡社

望月勇　2007　いのちのヨーガ　平凡社

文部科学省　2018　平成29年度児童生徒の問題行動・不登校等生徒指導上の諸問題に関する調査結果

文部科学省　2019　平成30年度児童生徒の問題行動・不登校等生徒指導上の諸問題に関する調査結果

諸富祥彦　1999　トランスパーソナル心理学入門　講談社現代新書

村上春樹　2002　海辺のカフカ（上・下）　新潮社

内閣府　2003　国民生活白書

成瀬雅春　2010　心身を浄化する瞑想「倍音声明」CDブック――声を出すと深い瞑想が簡単にできる　マキノ出版

ナット・ハン，T.　島田啓介・馬籠久美子訳　2015　ブッダの幸せの瞑想 第二版　サンガ

日本経済新聞　2011　2月26日付朝刊

プロチャスカ，J. O. & ノークロス，J. C.　津田彰・山崎久美子監訳　2010　心理療法の諸システム――多理論統合的分析 第6版　金子書房

ロジャーズ，C. R. 著　カーシェンバウム，H. & ヘンダーソン，V. L. 編　伊藤博・村山正治監訳　2001　ロジャーズ選集（上）（下）　カウンセラーなら一度は読んでおきたい厳選33論文　誠信書房

ローゼンバーグ，L.　井上ウィマラ訳　2001　呼吸による癒し――実践ヴィパッサナー瞑想　春秋社

藤山直樹・伊藤絵美　2016　認知行動療法と精神分析が出会ったら――こころの臨床達人対談　岩崎学術出版社

ゴールドマン，J.　宇佐和通訳　2009　奇跡を引き寄せる音のパワー　ベストセラーズ

ヘイズ，S. C. & スミス，S.　武藤崇・原井宏明・吉岡昌子・岡嶋美代訳　2010　ACT（アクセプタンス＆コミットメント・セラピー）をはじめる――セルフヘルプのためのワークブック　星和書店

平木典子　2007　図解　自分の気持ちをきちんと〈伝える〉技術――人間関係がラクになる自己カウンセリングのすすめ　PHP研究所

平木典子　2009　改訂版　アサーショントレーニング――さわやかな〈自己表現〉のために　日本・精神技術研究所（発行）　金子書房（発売）

平木典子　2020　新・カウンセリングの話　朝日新聞出版社

平木典子・藤田博康編　2019　キーワードコレクション カウンセリング心理学　新曜社

池田香代子再話　ダグラス・ラミス，C. 対訳　2001　世界がもし100人の村だったら　マガジンハウス

稲盛和夫　稲盛和夫OFFICIAL SITE　https://www.kyocera.co.jp/inamori/

石川勇一　2009　スピリチュアル心理学入門　春風社

伊藤絵美　2008　事例で学ぶ認知行動療法　誠信書房

伊藤絵美　2011　ケアする人も楽になる　認知行動療法入門　BOOK1＆BOOK2　医学書院

伊藤絵美　2017　コーピングのやさしい教科書――折れない心がメモ1枚でできる　宝島社

John, F. H., Richard, L. & Jeffrey, D. S. (Eds.)　2019　World Happiness Report 2019　https://worldhappiness.report/ed/2019/

鎌田東二編　2017　身心変容の科学～瞑想の科学　マインドフルネスの脳科学から、共鳴する身体知まで、瞑想を科学する試み（身心変容技法シリーズ①）　サンガ

神田橋條治　2016　心身養生のコツ　岩崎学術出版社

神田橋條治　2016　治療のための精神分析ノート　創元社

国立青少年教育振興機構　2016　青少年の体験活動等に関する実態調査（平成26

参考文献

アディス，M. E. & マーテル，C. R.　大野裕・岡本泰昌監訳　2012　うつを克服するための行動活性化練習帳 —— 認知行動療法の新しい技法　創元社

American Psychiatric Association　1994　Diagnostic and Statistical Manual of Mental Disorders: Dsm-IV (4th ed)　Amer Psychiatric Pub

アンダース，H.　御舩由美子訳　2018　一流の頭脳　サンマーク出版

クーパー，M. & マクレオッド，J.　末武康弘・清水幹夫監訳　2015　心理臨床への多元的アプローチ —— 効果的なセラピーの目標・課題・方法　岩崎学術出版社

コーネル，A. W.　大津美枝子・日笠摩子訳　1999　やさしいフォーカシング —— 自分でできるこころの処方　コスモスライブラリー

デズモンド，T.　中島美鈴訳　2018　セルフ・コンパッションのやさしい実践ワークブック　星和書店

ドリアン助川　2014　プチ革命 言葉の森を育てよう　岩波ジュニア新書

藤田博康　2009　我慢できない子ども、我慢させられない親　児童心理2009年10月号 金子書房

藤田博康　2010　非行・子ども・家族との心理臨床 —— 援助的な臨床実践を目指して　誠信書房

藤田博康　2012　失敗や挫折を超えた幸せ —— 人生を支えるリフレーミング　児童心理2012年8月号 金子書房

藤田博康　2014　父性原理と母性原理 —— しつけや子育てにおけるバランスのとり方を考える　児童心理2014年2月号　金子書房

藤田博康　2016　親の離婚を経験した子どもたちのレジリエンス —— 離婚の悪影響の深刻化と回復プロセスに関する「語り」の質的研究　家族心理学研究30 (1) p1-16

藤山直樹　2008　集中講義・精神分析（上）　精神分析とは何か —— フロイトの仕事　岩崎学術出版社

藤山直樹　2010　集中講義・精神分析 (下)　フロイト以後　岩崎学術出版社

著者紹介

藤田博康（ふじた　ひろやす）

京都大学教育学部教育心理学科卒業
筑波大学大学院教育研究科カウンセリング専攻修了（カウンセリング修士）
京都大学大学院にて博士（教育学）取得

家庭裁判所調査官，スクールカウンセラー，帝塚山学院大学大学院人間科学研究科教授，山梨大学大学院教育学研究科教授等を経て，現在、駒澤大学文学部心理学科教授（公認心理師・臨床心理士・家族心理士）

主な著書に，『非行・子ども・家族との心理臨床～援助的な臨床実践を目指して』（誠信書房），『家族心理学ハンドブック』（共編著　金子書房）『キーワードコレクション　カウンセリング心理学』（共編著　新曜社）『ロールプレイによる　カウンセリング訓練のかんどころ』（共著　創元社），『家族の心理 第2版』（共著、サイエンス社）がある。

幸せに生きるためのカウンセリングの知恵
～親子の苦しみ、家族の癒し

2020年 10月 31日　初版第 1 刷発行　〔検印省略〕

著　者　藤田　博康
発行者　金子　紀子
発行所　株式会社　金子書房
〒112-0012　東京都文京区大塚3-3-7
TEL 03（3941）0111／FAX 03（3941）0163
ホームページ　https://www.kanekoshobo.co.jp
振替　00180-9-103376
印刷　藤原印刷株式会社　製本　一色製本株式会社

ISBN978-4-7608-2678-0　C3011